我们和你们

中国和以色列友好故事集

高秋福 何北剑 姚振宪等 / 编著

五洲传播出版社

图书在版编目（ＣＩＰ）数据

我们和你们——中国和以色列友好故事集 / 高秋福, 何北剑, 姚振宪等编著.
北京：五洲传播出版社, 2014.4
ISBN 978-7-5085-2461-0

Ⅰ.①我… Ⅱ.①高…②何…③姚… Ⅲ.①中外关系－友好往来－
以色列－通俗读物 Ⅳ.① K822.238.2-49

中国版本图书馆 CIP 数据核字 (2014) 第 044552 号

我们和你们——中国和以色列友好故事集

出 版 人：荆孝敏
统　　筹：付　平
学术顾问：潘　光

著　　者：高秋福　何北剑　姚振宪等
责任编辑：吴娅民
装帧设计：北京正视文化艺术有限责任公司
出版发行：五洲传播出版社
地　　址：北京市海淀区北三环中路 31 号生产力大楼 B 座 7 层
邮　　编：100088
电　　话：010 - 82000227
网　　址：www.cicc.org.cn
承　　印：北京圣彩虹科技有限公司
版　　次：2014 年 4 月第 1 版第 1 次印刷
开　　本：787×1092mm 1/16
印　　张：12.75
字　　数：120 千字
定　　价：48.00 元

序言

出使以色列三年，我有很多经历和感受，最想与人分享的一点是，中国人和犹太人在很多地方是相近、相通、相亲的。作为世界上两个伟大的民族，中华民族和犹太民族都有着悠久的历史和璀璨的文化，都对世界文明发展作出过巨大贡献。中华民族与犹太民族的友好交往已经有逾千年的历史，在跨越千年的友好交往中，两个民族一直相互尊重，相互欣赏，相互支持。这份友谊因历史的积淀而弥足珍贵，这份感情因现实的考验而历久弥坚。

我们是遭受过深重灾难的两个民族，我们都曾在挫折之后毅然奋起，都曾在磨难面前百折不挠，也都通过坚韧自强、艰苦奋斗迈向民族的复兴和发展，谱写出一首首可歌可泣的动人诗篇。只有创造过灿烂文明的民族，才会如此渴望再创辉煌；也只有历尽苦难沧桑的人民，才会更加珍惜来之不易的幸福。数千年辉煌文明、数百年深重苦难，百余年不息奋斗，我们两个民族追寻梦想的道路显得尤其艰难曲折，历史和文明的积淀，奠定了中以关系的社会和民意基础。

功崇惟志，业广惟勤。当历史的苦难已成为鞭策我们前行的动力，当两个民族完全掌握自己的命运的时候，中以两国开启了新的历史征程。中国和以色列1992年建立了外交关系，中以友好实现了历史性飞跃。建交22年来，在双方共同努力下，古老的智慧迸发出创新灵感，真诚的友谊结出务实合作之花，中以关系取得长足发展。两国各层次往来日益频繁，各领域务实合作成果丰硕。中国已成为以色列第三大贸易伙伴，2013年双边贸易额已逾108亿美元，比建交时增长了200多倍。两国在科技、文化、教育、新能源、生物技术、现代农业、环保、信息技术等领域的合作日益扩大和深化。中以务实合作全方位多层次展开，给两国人民带来实实在在的好处。

回首过去的 22 年，双方始终牢牢把握中以关系发展的正确方向，两国关系处于健康稳定发展轨道。两国虽国情和发展阶段不同，社会制度和意识形态不同，对一些问题的看法也不尽相同，但双方发展两国关系的决心是相同的，深化务实合作的努力是相同的，增进人民友谊和相互了解的目标是相同的。今天的世界是经济全球化、社会信息化日益发展的世界，今天的时代是和平发展、互利共赢的时代。我坚信，中以关系发展前景广阔，潜力巨大，两国关系的明天一定会更好，中以友好交往会更加硕果累累。

中以友好交往的故事说不完，写不尽。本书选取的 12 个故事栩栩如生地展现了其中部分画卷，既有战争岁月的生死支持，也有和平年代的倾情奉献；既有两国政府对发展两国关系的大力倾注，也有开展各领域务实合作的丰硕成果。这一幅幅"民相亲"的生动场面，构成了中以"国之交"的鸿篇巨制。

本书的问世不仅是回顾，更是传承。它告诉和激励我们，两国政府和人民应该站在新的历史起点上，秉持信念，坚定信心，勇担重任，开拓进取，继续推进中以关系，共同谱写两国友好合作新篇章。

是为序。

中华人民共和国驻以色列国大使
2014 年 3 月 20 日

前言

　　中华民族和犹太民族代表了世界上两大古老文明，他们的接触始于古代犹太人流散进入中国之时。自那时起，中国成了一度失去祖国的犹太人可以安居乐业的国家。纳粹大屠杀期间，上海更成了全球唯一接纳犹太难民的大城市。在中华大地上，中国人和犹太人在上千年的交往中友好相处，在反法西斯斗争中更是互伸援手，谱写了中犹友谊的历史篇章。1992年1月24日，中以两国建立外交关系，揭开了两国和两个民族关系史上崭新的一页。建交22年来，中以经济、科技合作硕果累累，人文交流也发展迅速，呈现一派生气勃勃的景象。感谢五洲传播出版社精心组织编写了这12个小故事，在我们面前栩栩如生地展示了中以两国，中犹两个民族之间的深厚友谊。

　　"记忆"篇描述了中以友谊的渊源——历史上中犹人民的友好交往，写的人物和事情都是我十分熟悉的。埃胡德·奥尔默特是第一位源于中国的以色列总理。我难忘他对我说的话："我的祖父母永远留在了中国，我父母的心总是向着中国，我最大的愿望就是访问中国。"2004年6月，他终于实现了愿望。记得那是6月24日下午，我陪他访问了上海犹太遗址，随后他飞到哈尔滨，将从以色列带来的石块放在祖父墓上。为了寻找、验证何凤山的材料，我们与"生命签证"等组织曾进行了艰苦细致的工作。1999年10月，我们与何凤山的女儿何曼礼一起在温哥华首次向公众宣布了何凤山的事迹。今日，这位第一个获得"国际义人"称号的中国人已经成为与辛德勒、瓦伦堡等齐名的救助犹太难民的英雄。许多犹太人同样积极支持、参与中国人民的革命和建设事业，罗生特就是其中的一位。书里提到了1996年4月我们举办的罗生特事迹展览会，我始终记着展览会上罗生特的警卫员李光说的话："罗大夫就是奥地利的白求恩。"本书不可能记述所有这些犹太友人，但我想在这里提一下其中几位：汉斯·希伯（Hans Shippe），爱泼斯坦（Israel Epstein），魏璐丝（Ruth Weiss），傅莱（Richard Frey），沙博理（Sidney Shapiro），汉斯·米勒（Hans Miller）。中国人民永远不会忘记他们的贡献。

"握手"篇记述了为中以建交而努力的"破冰者"们。作者高秋福是我的老朋友，也是我十分尊敬的长者。他至今笔耕不辍，前不久还签名赠我新著《亚洲情脉漫追述》。西蒙·佩雷斯、摩西·阿伦斯、麦宇仁、苏赋特都是我十分熟悉的朋友。记得佩雷斯总统曾对我说，他对中国的深情是受到了其恩师——以色列开国元勋本·古里安的影响。佩雷斯的话在我参观本·古里安生前卧室时得到了印证：在他的床头放着关于长征和毛泽东的书。本篇提到了几位以色列外交官，我想我也应该提一下三位为"破冰"作出了重要贡献的中国外交官：当时负责与以色列建交事务的外交部副部长杨福昌、直接安排中以建交具体事宜的吴思科（现任中国中东问题特使）和刘振堂（后任中国驻伊朗、黎巴嫩大使）。还应指出，中以双方智库和学者的作用也很重要。记得在中以建交前三个月，我们几位中国学者第一次来到以色列，拜访了诸多高官和智囊机构，进行了坦率的交流，回国后写出了调研报告，为中央与以建交的决策作出了贡献。以方学者和国际犹太组织，特别是以追讨纳粹大屠杀罪行闻名的西蒙·维森塔尔中心，在"破冰"方面也发挥了重要作用。西蒙中心最近还接连发表声明，谴责安倍参拜靖国神社和否定历史罪责，受到中国人民的赞扬。

"合作"篇详细叙述了中以两国经济合作的丰硕成果，其中最为成功的是农业、通讯、医疗、航运、钻石和风险投资等领域。二十多年前，以色列企业来华投资形成热潮，而到了今天，越来越多的中国企业进入了以色列市场。1992年12月，赫尔佐格成为第一位访问中国的以色列总统。我陪同他参观时，与随他来访的著名企业家萨尔·艾森伯格有一段有趣的对话，后来刊登在美国各大报上。艾问："中国有百分之几的人富了起来？"我没有把握地答："大概百分之五吧。"他说："那不会有钻石的市场。"我问："你知道有多少中国人吗？12亿。"他吃惊地说："哦，那是6000万，一个庞大的市场！"后来，他以极大的热情推动建立上海钻石交易所，终于在去世前三天与上海签署了协议。那天他对记者说："把建这样的中心选择在上海，是因为这里与以色列有着十分友好的关系，二战期间帮助了许许多多的犹太人。而我，就是其中之一。"现在，上海钻石交易所的生意非常红火。2013年5月，再访上海的内塔尼亚胡总理在晚宴上对我们说："欢迎更多的中国企业家来以色列投资，中国有巨大的工业影响力和全球影响力，以色列则在所有高科技领域都有技术。"在他的推动下，中国复星医药公司以2.2亿美元收购了以色列公司，中国光明集团将收购以色列最大食品商特努瓦食品公司，中国还可能修建把地中海与红海连接起来的高速铁路。需要指出，中以人文合作的发展也十分喜人。

希望我的这些介绍、评论、补充和小故事，能引导读者走马观花地领略本书的精彩，并在阅读本书后为进一步促进中以友谊作出贡献。

潘光
2014年3月23日
于上海犹太研究中心

目 录 Contents

我们和你们

中国和以色列友好故事集

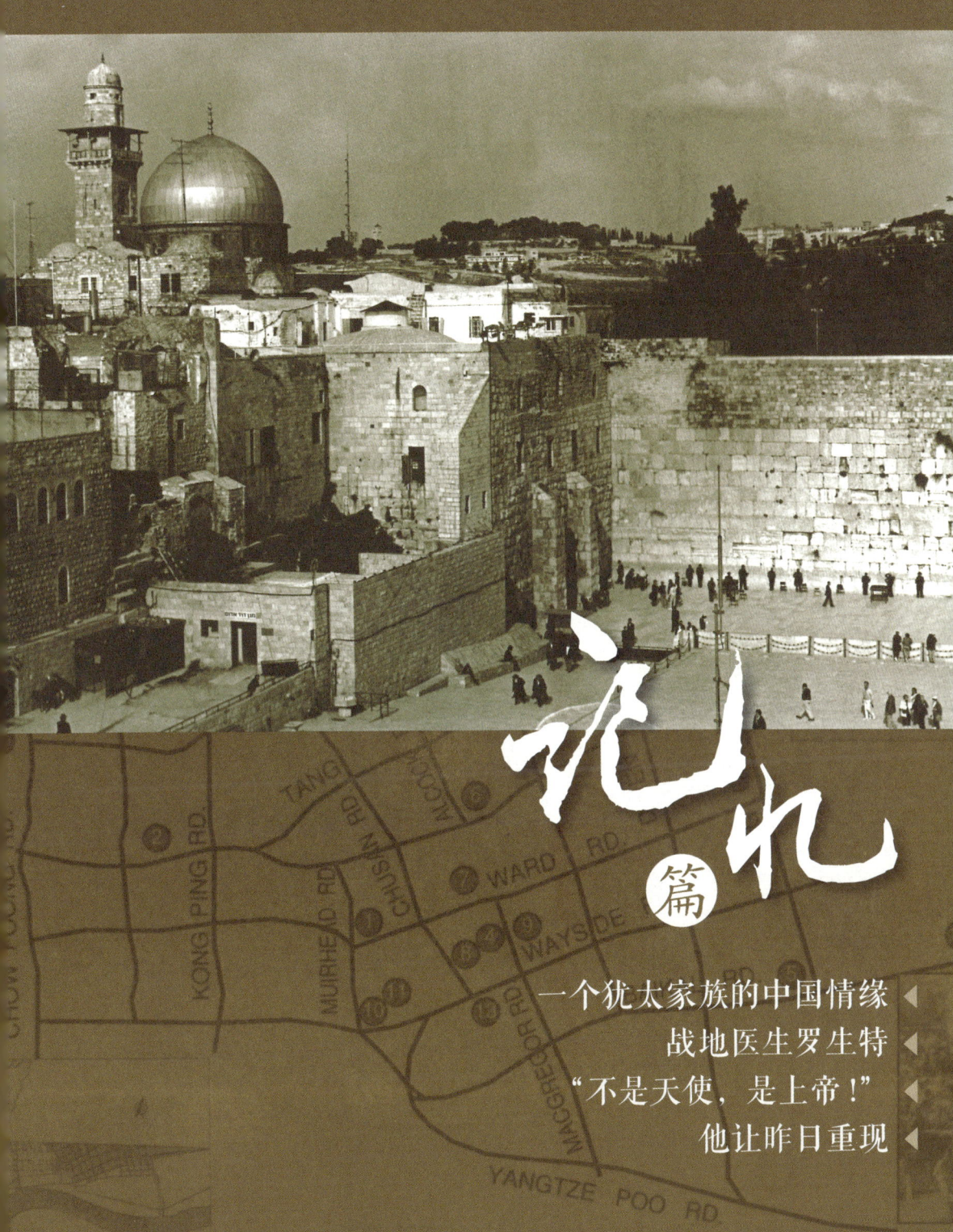

礼忆 篇

一个犹太家族的中国情缘 ◄
战地医生罗生特 ◄
"不是天使，是上帝！" ◄
他让昨日重现 ◄

The Jewish Refugees Settlements in HongKou

一个犹太家族的中国情缘

红灯笼

那时，他住在一间很小的、没有什么装饰的房间里。每天早晨一睁开眼睛就会看到顶棚上挂着的、父母从遥远的中国带回来的一对大红灯笼。那个时候，家里也没有蜡烛，那两个红灯笼一年里也点亮不了几回。正因为这样，静静地悬在那里的它们，里面就有了越来越多的神秘。有时，几个弟弟也会因为各种原因，或者睡觉前、或者起床前挤到他的床上，很多时候，孩子们的眼睛和心思都会钻进那两个红灯笼里寻找各自的宝物。

这个犹太少年名字叫亚伯拉罕·奥尔默特，出生于1936年。从懂事时起，他就发现父母在聊天时，经常说一种他一点也听不懂的语言。后来他知道那是中文，是遥远东方的一种古老的语言。

父母也总是跟他和弟弟们讲起，在非常非常遥远的东方，有一个国家，那里有好些城市，有哈尔滨、大连、青岛，有北平、天津，有广州、上海……在那里他们家有不少亲戚，有的是他的长辈，也有的是他的同辈。他记得父母亲收到来自远方信函时的那份激动和高兴，他也因为有机会给集邮册增添一些奇异的邮票而兴奋不已。那些远方的故事就像是一条条海盗船，他脑海里各种各样的幻想，会乘着那些船一次次地航行在浓雾弥漫的海面上，但是始终到达不了那天边的终点。

后来，他渐渐长大，也没有了远方的来信，但那些和父母亲一同在中国长大、又一同移民到以色列的朋友，还是偶尔会

父母和三周大的欧慕然

来家里串门，有时就聊起在中国、在哈尔滨的往事。而让他格外高兴的事，就是他们有时会给他带来些蜡烛，那样，他就能点亮那两盏红灯笼了。

1981年，亚伯拉罕的父亲出版了回忆录，其中大量笔墨记述的，是他和妻子在中国的生活经历。

"父母离开哈尔滨快60年了，但在家里还经常用中文交谈。中国也一直是我们一家人谈论的话题。" 亚伯拉罕·奥尔默特的三弟、以色列研究叙利亚问题的专家约希·奥尔默特对他见到的中国客人说。

1998年，87岁的父亲辞世了，临终前的最后几句话，是用中文说的。

亚伯拉罕·奥尔默特曾任以色列总理的弟弟埃胡德·奥尔默特说过："对许多以色列人来说，中国是另外一个世界，远在天边。生活在以色列的人，主要来自俄罗斯、波兰和其他东欧国家以及北非的穆斯林国家。我们家庭则不同，始终将中国挂在心上，尽管我们不在那里出生，也不曾亲眼目睹，但还是对她朝思暮想。"

父亲的回忆录、弟弟的感怀、母亲身上从不磨灭的中国痕迹在亚伯拉罕·奥尔默特的现实生活和精神世界里，都和他在幼年时期就有、从来没有消失过的好奇和思索紧紧相连。那是一个必须解开的、巨大的谜团。

四十多年后的2000年到2004年，亚伯拉罕·奥尔默特担任了以色列驻中国科学和农业公使。他给自己起了个中国名字——欧慕然。

奥尔默特的父母与四兄弟以及欧慕然的妻子合影，摄于1958年。

"这是我们的握法"

　　欧慕然小的时候就发现父亲喜欢打乒乓球。当然，父亲喜欢各种体育运动，但欧慕然发现，随着年龄的增大，父亲越来越喜欢打乒乓球了。他的另一个发现是父亲握拍的方法相当奇怪——他像握钢笔或铅笔那样握拍！这和欧洲人的握法完全不同。他就问父亲，为什么要这样握拍，舒服吗？　"这是我们的握法，"父亲不假思索地说。他不明白父亲说的"我们"指的是谁，就追问说："我们？你说的是谁？""我们中国人，"父亲说。确实，在很长一个时期里，中国的乒乓球运动员就是以这种握拍方法，在世界乒坛称霸了许多年。但父亲直接把自己认作是中国人，还是出乎他的意料。

　　欧慕然后来对他的中国朋友说："那个加拿大籍老外'大

山'在中国特别出名吧？一个原因是他的汉语好是吧？也许你不相信，我父亲的汉语说得比他还好！他说的是地道的东北腔，我父亲告诉过我，很多普通的中国北方人在对汉语的掌握上，都赶不上他，他们都佩服我父亲。他不到十岁就到了中国，二十多岁才离开，他是中国东北人；他在中国的学校里念的书，并且当上了中国学校的教师。他真的有惊人的汉语能力。"

欧慕然知道，其实对于他的父亲来说，这种握拍方法与其说是一种克敌制胜的方法，不如说是中国的标志。尽管他的父亲已经离开中国几十年了，而且再也没有机会回去过，能够从媒体上获得的有关中国的信息，也大多不让人乐观。但是，父亲对中国的爱从来没有改变过。父母日常生活和精神世界里的这种强大的"中国"情结和执著的自豪感，让欧慕然既感动又

骄傲。父亲对中国的这种程度的爱，在本质上，很像犹太人对以色列的爱、对自己犹太民族的爱、对家人的爱。这种无形但却强大的力量在潜移默化中传递给了欧慕然和他的弟弟们。

欧慕然是一位农业专家，有一个时期还是国家农业部门的官员，出差到和以色列没有外交关系的国家时，如果有人问他来自哪个国家，他会先是说"我的父母生活在中国"然后绕弯子、打马虎眼地搪塞过去。这种时候，他多半是为了隐瞒他的真实身份。但说来奇怪，这个时候，一种莫名的自豪感也随之而生，好像他自己真的代表着一个东方大国。

当然，后来到了中国就不一样了，每逢有人按照中国的习惯，礼貌性地问他是什么地方的人时，他总是会毫不犹豫地回答说："我们家是哈尔滨人。"他发现，问话的人听到这种回答，开始时一愣，接着很快就明白所指，和他一同会心地哈哈大笑。接着的谈话会有一种难以言明的亲密感，这种感觉非常美妙，他自己与谈话的人那一刻好像都忘掉了他是以色列人这一事实。每到这样的时刻，他的感受除了亲切，更多的是自豪。

在中国，即便没有人问他是从哪里来的这类问题，在内心里他还是以"我不是外人"自居，毫不在乎对方知道了他的身世后，是不是真的能认同这一点。

弟弟埃胡德·奥尔默特任以色列总理，他访华时说的那句话也是他的心声："中国从来就不是'另一个国家'，我们和中国在感情上的联系，是永远也不会割断的。"

孙阿旺和老严

父亲莫德查·奥尔默特的出生年月对欧慕然和弟弟们来说，一直是个谜。他们只知道他出生在俄罗斯的撒马拉城，就是后

中国驻以色列前大使陈永龙宴请欧慕然（右一）和他的弟弟——以色列前总理埃胡德·奥尔默特（左一）。

来被人重新命名的古比雪夫市。后来，欧慕然的弟弟埃胡德·奥尔默特当上了耶路撒冷市的市长，俄罗斯古比雪夫市一个代表团到耶路撒冷访问时，带来了从档案中发现的他父亲的出生证明原件，日期是1911年1月11日，比他自己讲的要晚很多年。但是他父亲不承认这个日期。

他的父亲告诉他们，当他还很小的时候就知道了什么叫被欺凌，他六岁时就目睹过混乱和暴乱。后来，白俄分子开始了对犹太人的仇恨和屠杀，他听说当时光在白俄罗斯就有数以千计的犹太人遭到杀害，财产被洗劫一空。这让俄国所有的犹太人都极度恐慌，于是一批批的犹太人逃出国境。1917年，父亲的父亲约希夫·莫西夫维奇·奥尔默特一个人随着滚滚的犹太难民潮到了中国的哈尔滨。

不久，家里收到了他的消息，他说到了一个好地方，安详、平和，是一个令人开怀的新的世界，全家人都可以到他那儿团聚了。于是，祖母带着儿子们来到了中国的哈尔滨。在铁路局工作了两年，祖父在齐齐哈尔找到了一份他更喜欢的差事，于是全家搬到了齐齐哈尔。后来，全家又回到了哈尔滨。1941年，祖父在哈尔滨离世，并安葬在了这座城市。

欧慕然的父亲性情随和，爱好广泛，尤其有语言天赋；除了俄语和英语外，他很快就学会了汉语。和中国的青少年一块儿成长，加深了他对中国人心性和中国文化的了解，他的精神世界里也渐渐融入了越来越多的中国元素。

从齐齐哈尔的学校毕业后，他考入哈尔滨工学院电气工程系。系里还有三名犹太人、几名俄罗斯人和12名中国人。与这些犹太人和俄罗斯人不同，呱呱叫的汉语让他很快就有了不少中国朋友。不但如此，学院有一个预科班，供中学生在投考哈尔滨工学院以前进修。既能讲英语和俄语，又能讲汉语的他，被选聘为进修班的老师。这让他对更多的中国青年有了更深入的了解。

后来，他暗自决定弃工学农，并且到以色列去。学校放假时，他和父亲在齐齐哈尔办起了一间小农场，养了四头牛、两匹马和许多鸡。刚好当地的犹太社区有一个选送荷兰进行农业培训的机会，他决定经荷兰去以色列。得知儿子的打算时，父母火冒三丈，要求他必须首先完成学业。这样一来，路费成了这个年轻人实现愿望的天大困难。

开学了，但他的心却乱成了一团麻。

风把雪片吹得打转转，但在教室外活动的同学们却好像没有一个人感觉到寒冷，唯独一个人孤零零地站在教室里的他觉得冷。突然，有人从背后拍了一下他的肩膀，他知道一定是好朋友孙阿旺。孙阿旺的这一拍，一下子就温暖了他。得知他的心绪，孙阿旺笑着说："你小子真有福气，我叔叔在附近镇上一家学校当校长，正在物色一位俄语教员。你还怕没有上路的盘缠？"

那个小镇离哈尔滨大约有 120 公里，他到达的时候，站台上有人来接他，并自我介绍说他姓严，叫他老严好了。那年他 20 岁，第一次离家远走，无论在学校还是在城里，他都是仅有的一个外国人。每当他走到街上，大人们会投来好奇的目光，小孩子们就成群地在后面跟着看他。

不久，他就和老严成了无所不谈的朋友。老严是山东人，他说山东是个农业大省，几乎都是农民，但每家只有一小片地，很难获得足够的收成。老严跟他讲了中国乡村许许多多的事情和道理。

学年快要结束了，校长希望他能再教一年，他也同意多留一些时间，但到不了一年。

1930 年的最后一天，他乘火车离开哈尔滨赴大连，又从大连到上海，接着从上海到了青岛。青岛是他告别中国的最后一站。在那里，他还到老严家拜望了他的父母，受到了最热情的款待。

返回以色列的路途他走了两年多。

回到以色列，他在巴勒斯坦西北边远的地方安置下来，并开始务农。1948 年，以色列建国，他当选为第一届国会议员。

在以色列建国初期，他培训最先到达的人进行农业生产。老严曾经和他谈到过的如何干农活、一个农民如何才能取得成功的经验给了他莫大的帮助。他在后来出版的自传中说："我想告诉老严，我采纳了他的观点，他谈到的山东农民的事例给了我不小启发。"

这位国会议员的妻子是位美人。她出生在俄罗斯，名字叫贝拉，在一些国家的语言里，"贝拉"的意思是"美丽"。还是孩子的时候贝拉就来到了哈尔滨，她以优异成绩毕业于商业贸易职业学校，毕业证书上记载她各科成绩都是最优。

他是在中国的哈尔滨认识她的，也是在那里他们决定一生都把自己交给对方。也正因为如此，他对哈尔滨和中国有着别样的情感。

他得到贝拉是一生的幸福，也是莫大的幸运。

那是平常的一天，只是天空出奇地蓝。走在街上的她和往常一样，被不时投来的目光扰得心烦。忽然，她发现迎面走来一位吉普赛女郎，一个念头在她的脑海里一闪。"您给我看看手相，看看我的婚姻线，"说着，她把一双被朋友们羡慕的玉手伸到吉普赛女人的面前。"你很快就会在哈尔滨结婚，但是，新郎不是你的心上人。不过……你最终还是会嫁给你真正的爱人，他才是你的终身伴侣。"吉普赛女人掰着她的手说。听了这话她哈哈大笑。心想，她准不知道我是个犹太人。婚姻至高无上，我怎么会先嫁给一个不爱的人再改嫁呢？

但是，预言真的灵验了！

她的儿子欧慕然担任以色列农业发展公司总经理的时候，在世界各地推广农业技术合作项目，南非就是一处。有一次，以色列驻南非大使设宴招待他和他的代表团，参加宴会的有当地政府和社会各方面的宾客。宴会中，相貌英俊、举止优雅的主人忽然站起来看了他一眼，旋即转身对在座的人说："大家看见这位奥尔默特先生吗？我是他母亲的丈夫，但我不是他的父亲。"这话让所有的目光都集中到了他的身上，让他尴尬不已。大使接着说："我在哈尔滨长大，在座的奥尔默特先生的父亲，还有他的女友，也就是他父亲日后的妻子和在座的奥尔默特先生的母亲，都是我的亲近朋友。他父亲在和他母亲结婚前回到了以色列，按当时的法律，他没结婚的女友拿不到签证，无法回去。拿到签证的唯一办法是结婚。我建议由我同她结婚。我们作为夫妻回到以色列，然后就离婚分手。我兑现了我的诺

欧慕然和中国学子在一起

言，我的两位朋友终于喜结良缘。结果大家就看到啦：有了我这位客人奥尔默特先生。"听到这些，他由衷感激父母亲的这位"丈夫"朋友。"如果他不答应离婚呢？这并非不可能，母亲是多么美丽的女人呀，"他心里想。

欧慕然的父亲在自传中也说，他与妻子举办婚礼之前，妻子和他的所谓丈夫须要办理离婚手续。

中国

欧慕然小的时候，就发现父母亲对一件瓷器雕像特别喜爱，他们不但总是让它一尘不染，有时还久久地凝视着它，或者看着它说些他听不懂的话。这件瓷器的造型是一位中国母亲坐在那里，面带微笑，身边围着一群孩子。犹太家庭的民族传统就是重视家庭和家庭教育。随着年龄的增长，欧慕然对那件瓷器、对父母亲对那件瓷器的重视都有了越来越丰富的理解。

和父亲一样，欧慕然也喜欢思考。每次见面、每有闲暇，他就和父亲讨论现实世界的种种幸福和痛苦、憎恨和感动、给予和回报、国家的发展和民族的前途，这种理性的交谈成了他们父子相聚时的"保留节目"。

有时，弟弟们也来看望父母，于是，一家人围坐在一起，一边吃饭，一边你一言我一语地聊。在回忆、畅谈和思考的过程中，一种关于中国的理念在欧慕然的精神世界里扎下了根，并溶入血液。

在这个世界上，有多少人知道这样一个事实呢？早在1918年，当时的中国副外长曾给居住在上海的著名犹太人嘉道理去函，表示中国支持在巴勒斯坦建立一个犹太人的家园。更为有意义的另一件事实是，1920年孙中山先生致函上海《以

《以色列信使报》的几位创始人，左一是总编埃兹拉。

色列信使报》总编埃兹拉，信中说："你们民族对世界文明作出如此多的贡献，在世界各族人民大家庭中，理应占有值得尊重的一席位置。所有热爱民主的人们，都会支持恢复你们美好历史国家的运动。"

希特勒的反犹运动开始不久，孙中山夫人带领一个代表团会见德国驻上海总领事，强烈抗议纳粹暴行，代表团中包括中国人权同盟的所有重要领导人。

还有一件事是他后来才知道的，第二次世界大战期间，当时的中国政府已经打算在云南划出一部分土地，用以安置从欧洲逃难来的犹太人。

自古以来，犹太人在世界各地大都遭遇反犹主义。这种对犹太人的普遍的敌视态度，使犹太人千百年来作为一个散落在世界各地的少数民族，不断受到排斥和限制，在一次又一次的大迫害大屠杀中历尽摧残。世界上没有出现反犹情绪的国家，寥寥无几。中国从来没有出现过在许多国家特别是西方世界屡见不鲜的反犹活动。

人们为什么仇视犹太人？一个重要的原因是宗教偏见，另外一种可能是犹太人聪明，很多人不愿意看到这样一个人数很少、拥有自己的文化和宗教的民族生生不息。

中国拒绝反犹主义，这当中自有它的道理。中国人主要受儒家思想、道家思想以及佛家思想的影响，和犹太人的文化有许多共通之处。两种文化均重视家庭价值，都把教育看成是文化非常重要的因素。

另外，中国人和犹太人一样屡遭苦难，这使他们对遭受同样命运的犹太人民深表同情，反对任何形式的反犹主义。

"过去100年来，白人国家纷纷以各种不同方式前来压迫剥削中国。例如欧洲国家来的居民获得治外法权，这种情况使许多中国人产生对白人的极大反感。中国人自古以来怀着一种民族自豪感，他们不能忘记他们辉煌的文化和历史。"每次翻开父亲的回忆录，看到他对中国的感想时，欧慕然都有新的感触。

父亲在回忆录中多处提到他年轻时的中国朋友老严。他说："我从老严的谈吐中，也从他的品格中学到许多东西，了解到中国人身上的许多优点和长处。我听老严说到他年老的双亲，他总是流露出对老人的一种敬重和爱戴之情。我知道，这不仅是老严个人的性格表现，而且是中国人的典型性格表现。他谈到他母亲在家庭里的作用；当时许多像他们一样的孩子都没有机会上学，特别是在乡村，母亲就担当起教育他们的责任……老严的身上具有中华民族的所有优良品质，我想，他是中国人非常典型的代表。我同他交谈过这么多次，从中得出一个强烈印象，那就是中国人非常勤劳，知足，崇尚教育，助人为乐，时刻为家庭和朋友着想。中国人不为枪炮所征服，却以他们的勤劳成功'吞没'了其他国家。"

其实，中国和犹太民族的渊源又何止是从近代才开始、又何尝只是由奥尔默特家族延续的呢？

欧慕然的希伯来名字叫"亚伯拉罕·奥尔默特"。一次，他到中国的"十朝古都"开封访问，参观了陈列有几百年前犹太人留下的希伯来文铭文石碑的开封历史博物馆。看着看着，他惊喜地发现，一块石碑上面竟然刻着摩西的名字！他兴奋地对陪同他的中国朋友说："摩西是犹太人的领袖，亚伯拉罕是摩西的父亲，而我的名字是亚伯拉罕。"大家先是惊讶，接着才悟出其中道理，原来几千年的历史竟然与活生生的现实在中国联系到了一起。

欧慕然对本民族有着天然的自豪感，对本民族的历史充满兴趣。他读过沙博理的那本《中国古代犹太人》，他还读过其他专家的这方面的论述。这给了他思考和想象的空间。

早在1000多年前的中国宋代，甚至更早的汉唐时期，就已有犹太人长途跋涉来到中国。他想象着犹太人的十个失散部落的一大部分人，迁徙到了印度，经过几代人的时间又辗转来到中国，并进入甘肃地区，接着又逐渐分散到中国的其他地方的情景；他想象着中国四川的一支少数民族羌民是失散十部落的后裔，他们诚实、友善、感恩、助人为乐、慷慨为怀、谦虚谨慎。这些都是坚韧不拔的犹太民族的性格特点。而且他们也信仰一个上帝，称它"阿巴赤"，意思是"上天之父"，也称它"玛比楚"即"上天的灵魂"，或者直接称"天"。每当遭灾时，他们就呼唤："亚赫华"。在犹太人的圣经里，上帝就是"耶和华"。

欧慕然熟悉19世纪20世纪之交、尤其是第二次世界大战时期，出现过大批犹太人进入中国的浪潮的那段历史。中国的上海和哈尔滨，成为饱受迫害的犹太人寻求避难的全世界最好的栖身地之一，被犹太人称为自己的"东方家园"。在这前后，犹太人还在中国的其他地方形成了自己小规模的社区，像天津、沈阳、齐齐哈尔、满洲里。

1941 年，欧慕然的祖父去世并安葬在哈尔滨后，欧慕然的祖母全家都搬到了上海。他的小姨在上海逝世并安葬在了上海。欧慕然确信，几乎所有这些城市都与他的家族有着或多或少的联系，都曾经留下他们家族成员的足迹。

在欧慕然的内心深处，还有一种自豪感让他对中国有着家的感觉。古代犹太人落户开封，近代犹太人选择东部城市，像上海和他们一家人所在的哈尔滨落脚，以他们的勤劳和智慧参加了把这些城市提升为国际化都市的建设，而且作用巨大。许多建筑物和几家饭店都出自他们的手笔。以上海为例，犹太人沙逊、嘉道理和哈同的名字在这座城市中将会和这个城市一样

2002 年，在欧慕然的推动下，中国－以色列示范牛场落成。

现代饭店，由犹太富商约瑟·卡斯帕创办于 1903 年，为当时哈尔滨设施最豪华、服务最完备的饭店之一。

永存。今日还矗立在上海外滩的著名的和平饭店，就是旧日的沙逊大厦；一样著名的上海大厦，同样是沙逊集团当年建造的百老汇大厦；上海展览馆所在地原为哈同公园；今天的上海市少年宫的"大理石宫"，曾是嘉道理家族的寓所。

　　1903 年哈尔滨只有大约 500 名犹太人，过了几年，犹太人就猛增到大约 3 万人。哈尔滨的第一家饭店"现代饭店"就是犹太人创办的，它保留至今，经修缮后依旧沿用"现代"这个名字。哈尔滨最早的银行、商店、咖啡馆、报纸，甚至面包房、面粉厂和煤矿也都是由犹太人开办的。1900 年，犹太人还在哈尔滨建立了中国的第一家啤酒厂。

　　有着自身的根源、带着上面说过的这些认知和自豪，中国怎么能不是欧慕然内心中永远割舍不去的地方？

中国的以色列农民

1989年秋季里的一天，万里高空上的欧慕然兴奋得像个孩子。他从以色列特拉维夫飞到美国洛杉矶，又从洛杉矶飞到香港，再从香港飞往中国北京。尽管因为中国和以色列没有建交，他要绕道大半个地球进入中国。但是，熟悉却又陌生的中国向他打开了大门！儿时大红灯笼里那阿拉丁神灯一样的梦幻，就要变成现实！

名义上，他是派拉蒙公司的顾问，而实际上他是以色列农业发展公司总经理，此行的目的，是到广西南宁柑橘产地考察，意愿是签订协议，创办一家柑橘合资栽培、加工、销售一条龙企业。

当年，经过五年寒窗之苦，欧慕然以农学学士学位毕业，专业是灌溉和土壤科学。

同期毕业的好些同学都到实验机构搞研究工作去了，办公环境和生活条件都很优越。但是他觉得应当和父亲一样，到农场去和农民一起干活。对于一个自然条件十分恶劣的国家来说，那是以色列生存和发展最需要的地方。

欧慕然选择的是田间水土服务局，职责是推广不同作物的有效灌溉方法以及土壤施肥的有效途径。

从此他开始了一段繁忙而又充实的生涯。经过几年努力，他和农民有了经常性的实地直接接触，对所从事的业务既精通又热爱。他被晋升为技术推广局的地区部门主任。

他主管的农业技术推广工作的地区，是以色列最大的农业地区，手下拥有农业方面的各类专家。在他的组织下，以色列开发了世界上最先进的农业滴灌系统。

在这个岗位上，他一干就是八年，积累了大量经验知识，

欧慕然担任中国几所大学客座教授的聘书

不但大大增进了对农业各方面问题的了解，也获得了管理手下
一批专家的丰富经验，并和农业界以及政府各部门机构建立了
良好的关系。

　　渐渐地，他成为了以色列与其他许多国家国际合作的知
名专家。但是，他一直把自己定格在"农民"的位置上。他
和他的父亲有着相同的观念：农民永远都是一个国家里最重
要的人群。

飞机降落在北京机场。从机场通往市区的专用公路不够宽敞，但平直而整洁。公路两旁的杨树林泛出金黄的颜色，透过树丛的屏障看到的是无际的农田，还有星星点点的村落房舍。有西方记者曾写道："那矮小而凌乱的村舍，让你根本想不到已经进入一个大国的首都。"但是欧慕然看着这样的景色想起的，是父亲上世纪30年代在哈尔滨的生活经历，想起的是童年时期在巴勒斯坦居住过的农村，他感受到的是平和、宁静和亲切。

他游览了长城，吃了北京烤鸭，还参观了故宫紫禁城。和平门北京烤鸭店给他留下的印象极其深刻，不是美味，而是店面能容纳两千人同时就餐的惊人空间！在以色列，最大的餐馆只能同时接待三百人。

两周后的10月24日，欧慕然从桂林取道香港飞返美国。他百感交集。这次中国之行从商业意义上来说并没有取得成功，但是，他在自己的日记中写道："中国辽阔的疆土、久远的历史文明和中国人旺盛的活力以及经济发展的强劲势头，都给我留下了深刻的印象。而初步接触到的社会时弊，也给我带来某些疑惑和不安。但这同时让我更深入地了解到一个不断变化中的伟大国家所面临的种种挑战，让我对继续探索第二故乡激发起更大的期待。"

欧慕然此行的另一个遗憾，是他没能有机会到哈尔滨看望祖父的墓地。

不过，当十二年后他最终来到哈尔滨并且之后又多次来到这座城市时，他以自己的行为得到了这座城市的赞赏。当地的报纸报道说：

"在欧慕然公使的大力推动下，以色列同中国签署了一系列农业和畜牧业合作项目：农业科技示范园、奶牛饲养示范园、节水灌溉工程、农作物抗病保健技术合作等等。从广西到黑龙江、从新疆到山东，他几乎跑遍全中国。他说：'我总是把一些合作项目尽量弄到中国来。'他虽然不是哈尔滨出生的，但也像其家族的上两代人那样，一直把哈尔滨视为第二故乡，这些项目的创设，可算是以色列人民对哈尔滨人民深情厚谊的一种回报，也可算是他的家族对哈尔滨乡亲们表示的一点敬意。"

他知道，那不只是这座城市的声音，也是偌大的中国的声音。他相信，祖父的在天之灵一定会为他感到骄傲和自豪。

1993年，他作为以色列国际合作中心负责人，在北京郊区建立了第一片中以合作试验田；2000年到2004年，他担任以色列驻华科学和农业公使期间，在北京建设了中以合作高科技奶牛和奶制品示范农场；他还在新疆、黑龙江建设中以合作农业示范基地。这期间，仅新疆一地他就去过22次。

以色列和广西的农业合作，只是他的厚厚的成绩单中的一张：以色列的节水农业技术在广西的花卉、甘蔗和水果种植业中遍地开花；广西先后有500多名技术人员和官员到北京中以国际农业培训中心学习，其中有60多人到以色列接受进一步培训；在首府南宁，建立了占地2700公顷的合作示范农场，装备以色列耐塔芬公司提供的先进滴灌系统。另外，以色列政府和广西地方政府还签订了国际先进农业技术合作协议，这将进一步推进以色列先进农业技术在广西的推广和应用。

中国是个农业大国，有着13亿多的人口。吃喝的问题永远是最大的问题。在这样一个国家取得这样的成绩，让欧慕然觉得他是中国的最好的农民之一。

乒乓球

2001 年 1 月的一天，正是哈尔滨一年中最寒冷的时候，那一天气温是摄氏零下 31 度。

前一天刚刚下过雪，地上积雪很厚，走向祖父约瑟夫长眠之地的脚步发出阵阵声响，欧慕然觉得，那声响像是他和祖父的隔空对话。整整 60 年后，他代表整个家族来看望他了。他仿佛看到了祖父伸出的双臂。

那是一座陈旧的坟茔，坟墓的一端已经坍塌，上面长出了一棵小树。他十分懊恼，心想也许把祖父的遗骨送回以色列和在那里的先人安葬在一起更好。不过经过一番思索，他还是决定让祖父留在下葬的原地。于是，他立刻用电话联系上弟兄们，商量修葺祖父的坟茔，大家一致赞同。

"请把长在坟顶上的小树拔掉吧，"他对墓地的管理人说。"先生，不能拔，这可是福兆呀！在中国，皇帝都希望他们日后的墓地上长出树木呢，"管理人万分惋惜地说。但他解释说："谢谢你的好意。但依照犹太人的传统，坟墓不能被杂物分割两半，必须是合拢为一个整体的。"修葺一新的坟茔肃穆庄重，这让他感到宽慰，并觉得让祖父在他心爱的这片土地上安息长眠是做对了。对着坟茔他在心里默默地说，祖父，您在这里生活、奶奶在这里摆小摊卖牛奶，我的父亲在这里经营农场，而今天，你们的子孙正在秉承你们的事业，在你们曾经生活和拼搏的地方，帮助这里曾经那么善待你们的人，建立起最先进的现代化农场和奶牛场，参加他们消除农业落后和人民生活贫困的斗争；我们也像你们和父辈一样，和这里的人民结识。我很高兴，我的努力得到了他们充分的认同，我和他们结下了新的友谊……

中国哈尔滨，欧慕然
祖父墓地。

在这里安息长眠的犹太先人当中，除了欧慕然的祖父，还有以色列前总理拉宾和现任以色列中国友好协会会长考夫曼的亲属。

后来他才知道，在中国，只有哈尔滨的犹太人墓地保留下来了，其他城市像上海和天津的墓地都已完全消失。

就在祖父的坟茔修葺一新的那天，他在哈尔滨犹太人事迹展览会上偶然发现一张照片，上面站着5位年轻人，敞着上身，紧握拳头。居中的一位正是他的父亲：那样年轻、健康、英俊……

他总是觉得，自己的生命中附着祖父和父亲的生命，他在中国的所有经历，祖父和远在以色列的父亲也都能经历和感受。

北京朝阳公园是市区里面积最大的公园，离他住的饭店不算远，使馆里有人告诉他，公园里的场地上有许多业余选手打乒乓球。他们之所以告诉他这件事，是因为他打败了使馆中包括总领事在内的所有乒乓球爱好者。

他不知道祖父是不是打乒乓球，反正父亲的乒乓球打得不错，这也让他对乒乓球运动情有独钟。在中学的时候他是学校的冠军，在部队上他是连队里的第一名，到了大学，他还是没有对手。他知道中国的乒乓球水平有多高，但公园里的选手水平再高又能高到哪里去呢？一天，他带上球拍到了朝阳公园。看了一会儿，他的自信心受到了前所未有的打击。但最后他还是选了一位年纪已经不小的女将当对手。

连输五场后，他终于明白中国人为什么会在乒乓球运动上称霸世界了。不过，他决心不放弃训练，一定要找机会在朝阳公园和女将们的对垒中赢回一场。

在中国生活多年，欧慕然也遇到过黑出租车司机讹钱、在下榻的饭店被为难的事，但这类事正在减少。他感受最多的，还是中国人的热情和友善。

2001年的一天晚上，欧慕然和夫人到达阳朔。第二天早上，当他们走到一家餐厅准备用餐时，一位姑娘走过来，说可以带他们去游览别的外国人去不了的地方。她还自我介绍说她姓徐，名叫桂荣，叫她"小荣"好了。她性格的开朗和相貌的喜兴劲儿赢得了欧慕然夫妇的好感。

看过一般向导都带去的一个地方后，小荣领他们转进一条偏僻的小路，它通向远处的一个村落。那是个古朴然而也贫穷的村子。接着，小荣又把他们领到数公里外的第三个地方。让他们没有想到的是，这是小荣的家乡——阳朔县高田镇历村。小荣家里一共四个孩子，20 岁的小荣是最小的。家里贫困，连上学读书也是一种奢望；她的姐姐们都只读完了小学，只有她勉强上完了中学。从前村里以农业为主，现在人们做起了旅游生意，开饭庄、卖土特产，生活也渐渐富裕起来。"我没有专门学过英语，可是跟外国朋友接触多了，就渐渐学会了，最起码能和他们交流了，"小荣说。

小荣和家人请他们吃了一顿虽然简单但十分可口的农家饭。在当地人的风俗中，请到家里吃饭是最高规格的招待。吃完饭，小荣拿出她早已准备好的笔记本，要他为她留言。他写下的话是："小荣，一个在中国农村长大的姑娘，领着世界各地的宾客游览，用英语和他们交谈。而在新中国成立之前，这个村子的人目不识丁，小荣是他们当中一个优秀的新中国产儿。祝小荣万事顺遂，我们将你铭记在心。"

世界太大，但有时却也太小。三年后的一天，欧慕然和夫人正在阳朔的街头散步，突然传来一个女子的呼叫声，循声一看，竟然是小荣！他和夫人情不自禁地按照西方相互吻脸的方式和她问好。小荣又拿出了她的那个笔记本，请他们再给她写上几个字作纪念。欧慕然和夫人觉得，无论是对他们还是对她来说，这样的重逢都太可贵了。欧慕然写道："亲爱的小荣，自从认识你以来的三年时间里，我们学到了许多东西。我们到过许多地方，见识了许多不同的事物，但我们一直没忘并惦记着阳朔边上一个村子里的姑娘，你，小荣。再次相逢，不胜幸福。"写完，欧慕然赶紧说："上次承蒙你盛情招待，为我们准备了美味佳肴，这次，该轮到我们回请你了。"于是，他们到了供应以色列饭菜的餐馆，度过了他们多次访问阳朔中最具亲情味儿的一天。

还有一次，也是在阳朔。他们坐上出租车要回桂林乘飞机返回北京。车子起动后没走多远，突然靠路边停了下来。他正在纳闷，司机转过头说："我认识您。""什么，你认识我？"一个和他生活的国家相隔数千公里，而且事业上毫不相干的人竟然认识他？司机却兴奋地告诉他，在中央电视台第7频道的报道中看见过他。他说："您是以色列人。您帮助我们发展农业技术，提高农作物的收成。"司机不但认得出他，而且对他的所作所为心怀感激，这让他感动万分。车到桂林，司机说什么也不收车费。"能开车送您我已经很幸运啦，我可不是每天都这么开心啊，"他说。

中国的家人

中国的很多地方都给欧慕然留下了难忘的回忆。而山东给他的，不仅是难忘的回忆，还有一份不寻常的幸福。尽管这份幸福的来由，不像他父母亲的婚姻那么"吉普赛"，但他还是相信，其中必有特别的缘分。

他忘不了那个日子，那是2001年的4月20日。他和夫人应邀到达山东潍坊参加中国山东潍坊风筝节。对欧慕然来说，山东有父亲曾到过的青岛、山东还是父亲的朋友老严的家乡。

潍坊到处是浓浓的节日气氛，街道两旁悬挂着彩色灯笼和飘带，歌声和乐曲声响彻大街小巷，眼光所到之处都是各式各样色彩斑斓的风筝。而一个叫赵红的陪同翻译，更是让他们倍感亲切。

这个年轻的翻译英语讲得不错，访问期间给过他们许多帮助，让他们在整个活动过程中都感觉轻松和愉快。最让他们欣赏的是，她的热情并不单单是因为这是她的工作任务，而是出

欧慕然夫人列金娜和他们的中国干闺女赵红、干外孙汤姆合影。

自她天性中的热忱。

"我申请了一个到以色列学习的培训班，正在等待答复呢。"一次闲谈时她向他透露。"以色列大使馆接到你的申请表格并且通过电话和你接谈过吗？"欧慕然问她，她点点头。她不知道的是，主管这项工作的，正是欧慕然。

从潍坊回到北京后，欧慕然让秘书把申请表拿给他看，赵红的表格上他批了个同意。他又联系耶路撒冷以色列外交部负责这项事务的工作人员，询问赵红是否在批准名单之列。不用说，赵红最终赴以色列参加了培训班，完成了学习工作。

培训期间，欧慕然的女儿像亲姐妹一样给了赵红热情的关照，让赵红得到了一种家庭般的温暖。

回国后，赵红和朋友聊起，去以色列学习之前听说过犹太民族，总的评价是大都聪明能干，做生意十分精明、狡猾。到了以色列她发现，她接触到的犹太人都是那么热情、有爱心和有教养。一天她和班里几个同学在街上走得正累的时候，一位五十岁上下的开车路人经过，他停下车跟他们打招呼，知道他们来自不同国家，就热心地把大家送回了学校，不但如此，第二天他还专门派车接他们到他家里作客，带到超市挑选各人喜欢的各种美味食品，然后回到家里亲自动手做饭，款待大家，就像对待自己多年不曾回家的孩子。

赵红在学校里学习的是外语专业，毕业后就分配到了潍坊市政府的外事办公室做外宾接待工作。工作期间，她接触过不少外国人。但奇怪的是，在机场初次见面，她就对两个以色列长者有好印象。"他们看上去慈祥、和善。他们是有很高身份的人，但和我这个平凡的女孩子相处，却能像长辈爱护小辈一样相待，这种平易和友善让我觉得亲切、放松和愉快，"赵红后来对朋友们说。

风筝节期间，欧慕然的夫人生病了，赵红给她联系医生，替她端茶递水，一直守候在她身边。夫人的病很快就好了，一老一小两个女人走路也搂在一起走了。参加风筝节的一个外宾看到这种情形就笑着说："你们可真像母女俩啊！"听了这话，欧慕然的夫人认真地对赵红说："做我的干女儿吧。"

欧慕然还记得，那是 2002 年，他和夫人第二次到潍坊访问，陪同他们的还是赵红。

"有一天，她突然对我太太叫了一声'妈！'我听到了，先是有些惊讶，但想起那是她们之间的小秘密，就笑着问她：'如果她是你妈，那我算什么呢？'她回答说：'你是我爸！'从此以后，赵红就成为了我们的干闺女。这样认亲可能不算正式，她有自己的父母亲，但我们把她当成了我们又一个孩子。赵红常说，她有两个母亲和两个父亲，一个中国母亲和一个以色列母亲，一个中国父亲和一个以色列父亲。

"我们在中国真正有了自己的家人了，不只是我们的祖辈和父母曾经在这里生活，我们的祖父和其他亲人在这里长眠，我们现在身边还有了一个中国女儿。"欧慕然说。

欧慕然夫妇离开使馆回国了，但一直和赵红保持着联系；只要有机会，他们就会到青岛相见，后来他们夫妇还两次专程到潍坊看望他们的中国干闺女。

2004年，赵红和一位棒小伙结了婚，不久有了一个小孩。欧慕然在自己的一本书中写道：

"这一来，我们家不但有六个以色列孙子、孙女，又另外添了一个中国小孙子。想来在中国人的眼里，我的家庭规模多么值得羡慕——'四世同堂'，我当了曾爷爷，连同我们的子女、孙子女和曾孙子女全家共16口人。现今又在中国添了个干闺女、干女婿和一个干外孙子，掐手指一数，我们一家人足足19口！

"赵红请我们给小婴儿起个以色列名字，我们为此颇费了些脑筋。我们想这个名字既要意思好，中文发音又容易，最后建议用Tom。中文的习惯译法叫'汤姆'。在希伯来语里意思是'诚挚'、'天真'，英语国家常用这个名字。同样重要的是中文念起来朗朗上口。于是我们在中国有了个小孙子叫'汤姆'。

"我们最近到过潍坊，到赵红丈夫的父母家里作客，赵红父母也来了，大家在一起吃午饭。三岁的汤姆是家中的小王子，他的身边围坐着一共三对祖父母和外祖父母。东道主是赵红丈夫的父亲，一位警官，他亲自掌勺。饭菜可口、美味。我心想，难怪中国的厨艺那么出名，一位业余烹饪好手的手艺，就赶上高明厨师的亲自出马了。

"不用说，饭桌上洋溢着中国人家庭团聚的格外热烈和亲切的气氛。我浏览面前的餐桌，将坐在桌子周围的众人认真一数，共有八个长者围着一个小宝宝转。我不由得又想起独生子女的计划生育政策。我想，汤姆将来会成为怎样一个人呢？我看到八个大人围着一个孩子团团转，他要什么给什么，我希望这个孩子将来长大成人以后懂得，这个世界并不单纯是一个'饭来张口，衣来伸手'的地方，你还要靠自己奋斗才能有所获。在这个世界上，你要付出而不仅仅是获得。

"赵红现在已经改行，应聘到潍坊的一所中学从事英语教学工作。她说：'我现在不是把教学当做一份工作去做，而是把它看作是一份事业，一份责任，对社会、对家长、对学生的责任。'祝福她为神圣的教育事业多作贡献，同时希望她教育好我们的共同后代——她的小儿子、我们的小孙子汤姆。"

任职期满，正准备上路回国的时候，欧慕然接到邀请，参加一个授名仪式。在那个隆重的仪式上，他接过了中、英两种文字的聘书："兹聘请欧慕然先生为中国农业大学客座教授。"之后，又有另外三所中国大学授予了他客座教授的头衔，分别是哈尔滨东北农业大学、山东莱阳农学院、吉林大学珠海学院。

"这些年来我在中国的经历与感受，可以概括为一个词：爱。要说我今日对中国的感情，我承认我爱上了中国。"欧慕然说，"我有一个梦想，假设有一天收到中国政府颁发的证书，表彰我对发展中国农业技术所作的努力和贡献。我会以此让我的中国同伴为他们的以色列友人感到骄傲，让我的中国干闺女赵红和我的中国小孙子汤姆为他们的以色列'父亲'和'爷爷'感到自豪。我不知道这个梦想能否实现，但这不妨碍我将它留在心中，并将它作为最好的鲜花和石块奉献在我祖父的墓前。"

何北剑 编写

战地医生罗生特

朋友

1944 年的一天，一个外国人在中国山东省被一位女演员边舞边唱的演出迷住了。演出一结束，他就走到后台向这位演员作自我介绍，然后说："我很喜欢音乐，在大学读书时经常上台唱歌，你表演得很好，我愿意跟你交朋友。"这位 16 岁的小女孩调皮地说："我才不跟你交朋友呢，打针吃药，我一看到穿白大褂的医生就头疼。"当然，他们还是成了朋友。

这个小女孩名叫苏伟，是新四军文工团的演员。那时候，中国共产党领导的新四军驻扎在山东省境内，文工团是这支军队中建立的"文化工作部队"。在共产党建立新中国的年代，大多数中国人生活贫苦，文化素质不高。文工团的任务就是为由劳苦大众组成的共产党军队唱歌、跳舞、演出小话剧。在鼓舞士气方面，任何方法都比不上文工团的作用。

他们相识的第二年年底，苏伟染上了副伤寒，高烧不退，生命垂危。得到消息，在 90 公里外而且马上就要出发的那位外国医生，立刻马不停蹄地赶到医院为她治疗，然后又骑上马返回 90 公里外的驻地。

半个月后的一天，护士把苏伟到扶到病房外的一个树桩上坐下来。一抬眼，苏伟看见对面墙边有一口小棺材，让她大吃一惊的是，棺材盖上竟然写着"苏伟"两个字。看到她目瞪口呆的样子，护士赶忙解释："你认识的那个外国医生救了你的命！你昏迷了 21 天，就在我们要把你装进棺材时，他赶到了。"

当天晚上，苏伟又发起了高烧，昏沉中听到有人大声喊：

"苏伟的病已经好了，怎么还让她住太平间？赶快把她转到康复病房，她的病已经全好了！"接着，苏伟觉得自己被人抬起来，走了好长一段路，放在一个全新的、温暖的地方。

第二天苏伟退烧了。人们告诉她，昨天，大家按那位外国医生的嘱咐，用心理疗法为她治疗副伤寒病出现的病情反复。其实他们只是把她的床抬起来，在原地晃了晃。

就这样，苏伟的病好了。她又在舞台上边舞边唱了几十年。

救苏伟命的这位外国医生，就是罗生特。当然，这是他的中国名字。

新四军中第一个外国人

1941年1月4日到14日，中国安徽省南部的一大片地区笼罩在枪炮声中。那是一场震惊世界的、国共军队间的大规模冲突。被后人称作"皖南事变"的这场冲突，交战双方总兵力达数万人，打了七天七夜。

新四军全军大约有九千人，除两千多人突围外，其余大部分阵亡、失踪和被俘。

国民革命军的总司令蒋介石下令：取消"新四军"番号！但是共产党立刻发布命令：重建新四军！并任命后来成为共产党中国外交部部长的陈毅为代军长、后来成为国家主席的刘少奇为政治委员。

就在这一年的三月中旬，一位身穿黑色长袍、胸挂十字架的德国传教士行走在山东境内，身边还跟着几个中国随从。"罗生特……"细心的人可以听到他身边的中国人这样叫他的名字。

这位罗生特，就是上面提到的那位外国医生。他乔装改扮，目的是奔赴重组的新四军军部所在地。罗生特是护送他的人在

罗生特（1903-1952），1939年从奥地利来上海的犹太难民，1941年离沪参加抗日战争，在中国共产党领导的军队中工作达10年之久。

路上为他起的中国名字。

他们到达新四军军部驻地江苏盐城的那天是 1941 年 3 月 20 日。让他没想到的是，新四军代军长陈毅和军政委刘少奇走出驻地很远前来迎接他。这种礼遇，让他深受感动。

"中国有句古话：有朋自远方来不亦乐乎！本军全体将士热烈欢迎罗生特先生！期待罗生特先生的才华，在中国的抗日斗争中大放光彩。"陈毅豪爽地对他说。

第二天，新四军的卫生部、抗日军政大学分校、鲁迅艺术学院华中分院的干部、战士和学生近千人，为罗生特召开了欢迎会。这种盛大的场面，成了罗生特一生中最震撼、最美好的经历。

会上，陈毅致欢迎辞，罗生特也发表了讲话。当时的中共中央华中局机关报《江淮日报》发表评论说："在苏北，参加新四军的国际友人，罗生特是第一个。"

随后，罗生特被安排在新四军总部医院工作，并被任命为卫生部顾问。

从此，这个叫罗生特的外国人，在中国开始了他人生中最独特、最重要的旅程。

后来，他成为了中国共产党军队内军衔最高的外国人。

犹太人雅各布·罗森菲尔德

1903 年，乌克兰利沃夫的莱姆贝格的一个犹太家庭生了一个小男孩，家里给起了雅各布·罗森菲尔德这个名字。这个男孩后来到了中国，被称为罗生特。

1927 年，雅各布·罗森菲尔德以优异的成绩从维也纳大学毕业，获得综合医学博士学位。不久，他离开了任职的维也纳大学医院，自己开设了一家泌尿科诊所。

受工人革命运动的影响，雅各布·罗森菲尔德加入了奥地利社会民主党。1933年4月，基督教社会党人陶尔斐斯发动政变，接管了奥地利国家政权，社会民主党被取缔。第二年，雅各布·罗森菲尔德因为反对纳粹被捕，在狱中，他断了两根肋骨。

1938年，纳粹德国吞并奥地利后开始清洗社会民主党人、迫害犹太人。雅各布·罗森菲尔德成了代号"9615"，被关入德国布痕瓦尔德集中营。一年后被释放，当局把他驱逐出境，并勒令永远不许回国。

拖着虚弱的身体，雅各布·罗森菲尔德走投无路。最终他得到了两张中国驻维也纳总领馆的签证。

1939年8月5日的暗淡，让雅各布·罗森菲尔德的生命有了永远无法照亮的角落。这天，他带弟弟约瑟夫离开了祖国。从汉堡出发的"埃尼阿斯"号轮船，把他们送到了陌生的中国。

很快，中国上海的法租界内，出现一家越来越有名气的泌尿和妇产科诊所，诊所的老板和医生就是逃亡的犹太医生雅各布·罗森菲尔德。他高超的医术和优秀的品德，很快就让他有了安定和富足的生活。

但是，雅各布·罗森菲尔德不是一个随波逐流、任命运主宰的人。在漂泊中，他认识了记者汉斯·希伯和夫人涂鲁德。这个希伯是波兰籍犹太人，德国共产党员。1925年希伯就到了中国，曾在由国民党主宰的中国国民革命军中任职，后来又到了共产党的根据地延安，会见了共产党的最高领导人毛泽东、周恩来等人。1939年他到新四军中采访，第二年又考察了共产党的山东抗日根据地。

有着奥地利社会民主党党员背景的雅各布·罗森菲尔德，

犹太难民走下轮船，来到中国。

很快参加了由希伯领导的一个外国人学习小组。

　　"共产党领导下的八路军、新四军主要是在日本侵略者的后方坚持游击战，这种战斗要在农村建立根据地。根据地在政治上实行民主，在生产上自力更生。在共产党行使政权的地方，有一股清新的空气，在上海、在租界、在国民党行使政权的任何地方，都没有这种气息，甚至可以说，中国几百年来都没有这种气息……"汉斯·希伯的讲述总是引人入胜。"不过，他们的生存条件太艰苦，那里的军民尤其缺医少药，尽管这没有影响他们抗击日本侵略者的士气，但是，他们的伤病员就太可怜了，本来完全可以保住的腿，却常常因为控制不住感染而被锯掉，甚至是在锯的时候也没有麻药……"

　　雅各布·罗森菲尔德决定抛弃在上海的富裕生活，把自己的命运和中国人的命运联系在一起。他向汉斯·希伯提出要求，介绍他到共产党的抗日根据地去，直接参加中国的抗日战争，贡献自己的力量……

神医

从失去祖国的医生雅各布·罗森菲尔德，到新四军卫生部顾问罗生特，这种转变对遭到迫害的犹太人来说，像是从无尽的长路终于走到了家乡。

立刻投入工作的罗生特，24 小时应诊，病人什么时候来，他就什么时候给看，出急诊更是随叫随到。由于医术高明，他很快在整个新四军部队和部队驻地的老百姓中有了一个"大鼻子神医"的称号。

1941 年 7 月，日本侵略军进攻新四军驻地，上级把罗生特转移到了安全地区。"我不能待在这里，我必须到前线去，那才是医生应该待的地方！"当他得知前线已经有很多伤员需要治疗时，他坚决要求到前线去。

来到前线的罗生特，马上设立包扎所，并立即给伤员实施手术。饿了，他就咽咽唾沫，困极了，他就用毛巾蘸冷水在头上敷一敷，每天都一口气做完全部手术。

在简陋的包扎所里，他治好了日照县大队李勉的小腹贯穿伤、治好了滨海支队司令员万毅的两腮贯穿伤、治好了特务团团长张仁初的左臂枪伤、治好了二旅曾炳华营长的伤。

1943 年 4 月，时任山东军区司令员兼政委的罗荣桓在夫人林月琴的陪同下，来到罗生特所在的黄花塘。

罗荣桓尿血不止却查不出原因。罗生特认为他右肾有病变，怀疑是恶性肿瘤，但苦于没有 X 光机无法确诊，所以不敢贸

然开刀，只好提议做保守治疗。每天，罗生特都给罗荣桓量血压、脉搏、体温，看尿样。一个多月过去了，罗荣桓病情稳定下来，返回了前线。

1944年8月3日出版的《大众日报》，专门报道了罗生特为群众治病的事，报道中说："山东军区卫生部附属所半年来平均每天给十几个老百姓治病。国际友人罗大夫很和蔼地给老百姓开刀……一个大姐患眼疾，经数日治好，大姐和她母亲感激得不知说什么好。"

"医生不能坐在家里等病人，要到群众家中发现病人，解救痛苦。这才能被人民叫做医生。即使你也有病了，但只要还能动，对患者就没有拒绝的权利。"罗生特的一位助手回忆说，因为经常听罗生特这么说，他都能背下他说的话。

新四军一直住在农村，有一段时间，驻地流行黑热病（俗称大肚子病），在当时，这是一种不治之症。但罗生特凭着自己的高超医术，让很多农民恢复了健康。罗生特还为省参议会女议员彭葆仁成功地实施了乳腺癌切除手术。

一天，有人看到罗生特在水井里，就大喊大叫起来："不好了、不好了！罗生特跳井了！"不一会儿，井口就围上了二三十人。罗生特的助手无数次地解释，这是罗大夫在给自己治病，但围着的人就是不相信。过了好久，罗生特被人用绳子拉了上来。他一脸笑容地对人们说："我感冒了，我们没有有效的退烧药，高烧不退不行呀。我就叫他们把我放到井里，用井水把体温降下来。现在，我感觉好多了。谢谢大家的关心。"

罗生特创造性的工作方法，让新四军医务人员无不惊讶和敬佩：没有金属镊子，他就用竹片代替；没有凡士林，他就用牛油羊油；没有胶布，他就用牛皮纸涂一层胶代替。

"同志，痛吗？"做人工流产手术时，罗生特总是这样问。他设计制造了可以调整高低的妇科床架，还让银匠用银元打造了子宫扩张器。如果她们是已婚女战士，他就说："还是避孕好，对工作、对个人都有好处。"如果是生过孩子的，他就说："还是绝育好，对工作、对个人都有好处。"

在战争年代，女战士不仅要工作、战斗，还要生儿育女带孩子。怀孕了就得挺着个大肚子行军作战，生下的孩子也没法随身照料，只好寄养在老乡家里。所以，罗生特为新四军带来的中止妊娠技术，使女战士在生育上获得了解放，也提高了整个部队的机动性和战斗力。

高超的医术和和蔼的态度让罗生特在新四军和这只军队的驻扎地非常出名，战士和老百姓都赞誉他是中国古代最著名的医生"华陀"转世。就是现在，在新四军当年驻扎过的地方，还流传着很多罗生特治病救人的故事。

为了表彰罗生特，他被评为新四军卫生界的英雄模范。

1942 年初，新四军政委刘少奇奉命要返回共产党总部所在地延安，请罗生特同行，以提高总部所在地的医疗水平。但是在黄河边，他们被敌人打散，罗生特等人又回到了新四军所在地。后来，罗生特还有好几次去延安的计划也都因为各种原因没有实现。他失去了更早见到中共领袖毛泽东和其他高级领导人的机会，这也局限了他在中国共产党军队中更广泛的影响。

罗生特医院

罗生特参加的新四军，不仅缺乏必要的医疗设备，尤其缺少医疗人员。

"陈军长，我发现我们缺少医务人员，现有的医务人员中，很大一部分也缺乏必要的医务知识。我们能不能开办一所卫生学校，培养自己的医务人才呢？"一天，罗生特特意到陈毅的住处提出建议。"太好了！就由你来当这个学校的校长吧。"陈毅兴奋地说。

不久，新四军华中卫生学校正式开学，第一批就招收了50 名学员。

罗生特不但亲自讲授基础理论、生理解剖、内外科、药理、战场救护等课程，还编写教材，制定严格的培训制度。

他把随身带来的所有医疗器械都捐献出来，让没有受过专业训练的学员们，通过对医疗器具的了解，尽快掌握救助伤员的本领。他还设计教具，实际解决缺少医疗器械的困难。

"大家看，这是什么？"在讲解固定伤肢技术时，他一会儿举起两条木板、一会儿拿起两根树枝，甚至让战士把身上的枪递给他、让在旁边看热闹的农民取来几根高粱秆，"这些都可以用，只要固定得好，效果是一样的"，他解释说。

一次，他的话把在场的学员们听得都睁大了眼睛。"一个医生必须有音乐家的耳朵，鹰一样敏锐的眼睛，一双万能的手，还要有戏剧家的嘴巴。"看着学员们似懂非懂的神态，他只好进一步解释说："医生要学会像戏剧家那样，用柔和的声调、亲切明快的语言去安慰病人。"

在新四军的驻地，罗生特亲自设计了一所占地 60 多亩、有近百间房屋的战时医院。医院内开设了内科、外科、妇科、手术室和化验室，这不但是新四军第一所比较正规的战时医院，还是卫生学校学员们的实习基地，也是当地老百姓的医院。当时，很多人把这所医院叫作"罗生特医院"。

在罗生特的不懈的努力下，新四军在创办华中卫生学校之后，又创办了华中医学院、新四军军医学校，为部队培养了近万名医疗卫生人员，这些人占新四军卫生队伍总数的95%。他们后来大多成了共产党领导下的新中国医疗事业的骨干。

逐渐走上正轨的新四军医疗卫生事业，达到了前所未有的高度。伤病员的康复率有了大幅度提高，战斗力得到了明显增强。

迷人的"大鼻子"

穿上新四军军装，罗生特觉得自己格外精神，而且他也认为，作为军人就应该穿着军装，所以他总是穿着军装。他所有的照片都是军装照。

中华人民共和国元帅罗荣桓回忆说："来自音乐之都维也纳的罗生特喜欢唱歌，声音洪亮，很动听。他唱的歌，既有《延安颂》等中国歌曲，也有西洋歌曲。

"他性情开朗、活泼，很喜欢小孩子，对他的通讯员红小鬼李光，更如同兄长对待弟弟、父亲对待儿子。

"他和我们家来往多了以后，很喜欢逗我的孩子东进，让东进叫他'大鼻子叔叔'。东进一叫，他就高兴地答应，然后哈哈大笑。"

当罗生特在报刊上发表了《仇恨的积郁》、《论第二战场》等政论文章和《反法西斯进行曲》、《我们是中国的青年》等诗词时，人们才注意到，他的身上还有诗人、音乐家和政论家的气质和才能。在《仇恨的积郁》中他写道："法西斯集中营是一种民族的牢狱。""新鲜的空气在整个北中国吹荡着……共产党将领导中国在新民主主义的大道上转变成近代的国家。"

"我要写书，向全世界介绍你们的事业。所以，请你们多跟我谈谈你们自己。"罗生特总是这样对他能见到的新四军的主要领导人说。他向他们索要个人传记材料，还采访他们。这些人中，包括刘少奇、陈毅、张云逸、罗炳辉、彭雪枫、黄克诚、赖传珠、谭震林等人。他的采访札记，后来成了研究中国共产党抗战历史的珍贵史料。

有一年，罗生特驻地暴雨成灾，把一条大河的围堤冲决了一道十几丈的口子，罗生特和战士们一起跳入滚滚的洪流之中，用身体组成人墙，堵住了决口，使方圆十几里的生命财产转危为安。

罗荣桓还回忆了罗生特对女人的态度和行为："罗生特在中国住久了，很了解中国人的习惯和道德风尚。凡来求医的女性，他都首先问一下病人的婚姻状况，未结婚的，他一般不给作检查，非要检查的，他都要求助手在场。"

　　有坚定的信念、有一身高明的医术、有一只充满激情的文笔、有一副美妙的歌喉、有舍己为人的高尚行为，大鼻子罗生特不但成了男人们心目中的英雄，也自然成了无数女人的崇拜对象。

　　给罗生特介绍女朋友的人从一排人增加到了一连人，但他都婉言谢绝了。"我在自己的国家有女朋友，以后我会回去找她。就算我没有女朋友，我是外国人，将来打败法西斯，罗生特也要回祖国。如果罗生特和谁结了婚，带回国，语言不通，生活习惯也不一样；如果不带，这就对不住这位女同志了。"这样的话，他重复了不知多少次。

陈毅向罗生特 "道歉"

"这支枪是比利时 1901 年造的，我是 1901 年出生的，所以我特别珍爱它，现在，我把它送给你留作纪念。"一天，罗生特到陈毅家做客，主人把心爱的马牌手枪送给了他。罗生特高兴得把手枪从右手放进左手，又从左手放回右手。

罗生特和陈毅一见如故。陈毅性情豪爽，喜欢写诗，是共产党中不多的文化型高级将领；罗生特医技高明，有政治热情，为人诚直。

在罗生特的要求下，陈毅和另一位共产党员，作为介绍人，介绍罗生特成为中国共产党的特别党员。

但是，这位军长和神医之间的友谊却因为一件事差点断送。

"寡情薄义、寡情薄义！"罗生特一边接生，一边大声地自言自语。那天，陈毅的妻子张茜分娩，陈毅却没有从前线赶回来守在身边。作为特别重视家庭和母亲的犹太人，罗生特认为，连自己妻子生小孩这么大的一件事都不在乎，只管他的军队、不爱护自己的妻子的人，不可交。

发现罗生特对陈毅十分不满，张茜让身边的人拿出陈毅为她写的一首情诗，让翻译译给他听，罗生特的身边的中国朋友也反复解释，陈毅是为了指挥新四军抗击敌人才不得不这样做。过了很久，罗生特才消除了心中的不满。

后来，陈毅还为自己的"寡情薄义"当面向罗生特道了歉。

罗生特不会想到，数十年后，他接生的这个婴儿——陈毅

从左至右：刘少奇、罗生特、陈毅，1941年 4 月摄于苏北。

的儿子陈昊苏，成为中华人民共和国"中国人民对外友好协会"会长，并在 2006 年 1 月 6 日，为罗生特在哈尔滨道里区犹太新会堂的铜像揭了幕。

这一年的 10 月 3 日，陈昊苏还在维也纳出席了以罗生特名字命名的公园的揭幕仪式，参加了维也纳鲁道夫医院罗生特纪念碑的剪彩仪式。那块纪念碑上铭刻着："纪念伟大的中国医生和人道主义者罗生特（1903–1952），他曾在维也纳和中国生活，并在鲁道夫医院度过了重要的岁月。"

陈昊苏说，在中国人民最困难的时候，罗生特医生给了我们极大的帮助，中国人民不会忘记他。

汉白玉全身塑像

1947 年 3 月，罗生特被任命为东北民主联军第一纵队卫生部部长。这是战争年代中国共产党军队历史上，外国人担任的最高的实际领导职务。

1949 年 2 月，共产党领导下的新中国即将在北京成立。罗生特来到北京。他游览了这座古老都城的故宫、颐和园、北海公园，他参观了北京大学、清华大学和协和医院。在协和医院，专家们为罗生特做了一次身体检查：他患有高血压、冠心病、主动脉硬化性心脏病并有陈旧性心肌梗塞。其实，他早就知道自己身体情况不好，但战争和职责让他无暇顾及。

但这次体检，让他作出了回国寻找失散的母亲、哥哥、妹妹和女朋友的决定。

临行前，罗荣桓送给他一块怀表做留念。

罗生特特意去上海看望陈毅。已担任上海市市长的陈毅看到他时分外激动，两个人紧紧拥抱在一起。陈毅特意为他定做了一套西服。在饯行宴会上，陈毅向罗生特颁发了中德文对照的荣誉证书。

1949 年 11 月底，罗生特到达奥地利。见到朝思暮想的妹妹和哥哥时他才知道，他最爱的母亲早已惨死在纳粹集中营的焚尸炉中。两年后的 8 月，罗生特前往以色列看望定居在那里的弟弟约瑟夫，当年，就是这个弟弟和他一同逃难到上海。

1952 年 4 月，心肌梗塞在以色列夺走了罗生特 49 岁的生命。

中国人没有忘记这位把一生中最宝贵的时间全部献给中国人民的外国人。罗生特曾经工作过多年的山东省莒南县，建立了面积 170 多平方米的"国际主义战士罗生特事迹陈列馆"。2000 年以来，瞻仰参观的人数超过了 15 万。

今天在山东莒南县和奥地利各有一所以罗生特名字命名的医院。

2013 年，中国拍摄了数字电影《罗生特医生》。

中以建交后，访问以色列的中国代表团都要去位于特拉维夫拉马特干的罗生特墓献花。

在罗生特工作和生活时间最长的中国山东省莒南县，人们还为他竖起了一尊四米高的汉白玉全身塑像。汉白玉质地坚硬、洁白，内含闪光的晶体。两千多年来，中国人多用它雕刻佛像。

何北剑 编写

"不是天使，是上帝！"

哭墙

在耶路撒冷的"国际义人"园区，一棵铭刻着"何凤山"的小树迎风而立，宁静而肃穆。大屠杀纪念馆，何凤山的纪念碑静静地对着远处那道闻名世界的哭墙。

阳光在哭墙上耀眼地停留着，仿佛是历史的目光。那些巨大的、不规则的石块既反射着阳光的热量，又把一种神圣植入它面前那些男女老少的心中。

公元前 586 年，以色列的圣殿被毁掉了，那以后，重建的圣殿再一次被毁掉。曾经的圣殿的西侧挡土墙成了哭墙。几个世纪以来，它一直都是犹太人最尊崇的地点。"那座神圣辉煌的圣殿已经被烧毁，我们最宝贵的财产已沦为废墟"——广受尊敬的拉比们说："面对着这座墙，吟诵先知以赛亚的这

耶路撒冷哭墙

些古老的话语，朝圣者们的心中，积满痛苦和哀悼。"

千百年来，这道神圣的哭墙接待了数不清的犹太祈祷和哀悼者。第二次世界大战结束后，幸存的犹太人的祈祷和哀悼，更让它成为精神和情感的聚焦点。当然，它也一定听到过这样一个名字——何凤山。是的，这是一个中国人。不远处，他的纪念碑下，也有人在祈祷和哀悼。

"水晶之夜"

1935 年 1 月 13 日，根据《凡尔赛条约》的规定，经过公投，被第一次世界大战战胜国联盟"国际联盟"控制了 15 年的萨尔区回归了德国。接着，德国纳粹党领袖阿道夫·希特勒迈出了扩张德国版图的第一步——向奥地利施压，要求奥地利政府承认奥地利纳粹党的合法地位，甚至让纳粹党参与奥地利的政府事务，后来又进一步要求把权力交给奥国纳粹党。

到了 1938 年 3 月 11 日，奥国纳粹党发动政变，推翻了奥地利的共和政府。随后，德国国防军的坦克开进了奥地利首府。让德国人也没有想到的是，他们的进攻不但没有遇到任何抵抗，甚至还受到了挥动纳粹旗帜的奥地利居民的夹道欢迎。

20 世纪 30 年代，许多犹太裔波兰人居住在德国。1938 年 10 月 28 日午夜时分，近两万名犹太人在事前全无准备的情况下，被德国政府驱逐到波兰境内，而波兰政府却拒绝收容他们。

在这些犹太人中，有一个人写信把这一可怕的经历告诉了他在法国读书的儿子赫舍·格林斯潘（Herschel Grynszpan）。

这位犹太裔德国青年立刻心急如焚地求助德国驻巴黎大使

馆秘书恩斯特·冯·拉特（Ernst vom Rath）。但是，拉特显然没有要帮忙的意思。

1938年11月7日，格林斯潘把枪口对准了拉特。随着一声枪响，拉特的胃部遭到了严重的破坏。两天之后，拉特在医院死亡。

格林斯潘的暗杀，让德国终于找到了对犹太人采取暴力行动的借口。

早在1933年1月，希特勒刚刚上台，纳粹德国就开始号召人们不要到犹太人的商店买东西，接着禁止犹太人当公务员、行医、从事司法，还不许犹太人进入浴室、音乐厅和展览馆。

1935年9月15日，希特勒在纳粹党代表大会上宣布了新的法律。新法律规定，犹太人为没有选举权和被选举权的"国家居民"。新法律严禁德国人与犹太人通婚，禁止犹太人家庭雇佣45岁以下的德国妇女，甚至不许犹太人使用德国国旗和象征德国的颜色。

就在特·冯·拉特死亡的当天——1938年11月9日，身穿黄色、黑色制服的德国和奥地利纳粹党员和党卫队，袭击了德国和奥地利全境的犹太人。

这个夜晚，德国和被合并的奥地利全境，许多犹太商店的窗户被打破，街道上，千百万块碎玻璃在月光的照射下，发出水晶般的光芒。德国纳粹用恐怖的目光盯牢全欧洲的犹太人。

据事后统计，这场看上去像民间自发、实际上是德国政府策划的攻击，让1574间犹太教堂（大约是全德国所有的犹太教堂）、超过7000间犹太商店、29间百货公司等遭到纵火或损毁。而在奥地利，94间位于维也纳的犹太教堂也遭到破坏。

德意志保险公司的代表希尔加德说，仅玻璃的损失就有600万马克。要弥补这项损失，比利时全国玻璃工业要生产半年。

水晶之夜

犹太难民登上卡车

　　超过三万名犹太男性在自己家里被捕，被押往达豪、布痕瓦尔德和萨克森豪森集中营。尽管他们中的多数人在三个月内就获得了释放，但他们必须离开德国；据估计，死于集中营的，大约有 2000—2500 人。甚至，有几个非犹太的德国人错被当作犹太人而遇难。

在这次事件以后，大约有一万个孩子被迫离开父母和家庭，多数去了英国；后来只有约一千人能再与父母重聚。

有历史学家认为，"水晶之夜"后，任何有组织的犹太人的生活已不可能。既然犹太人被剥夺了作为人的生存权利，那么把他们从肉体上消灭就只是时间问题了。

就在一把滴血的利剑高悬在德国和奥地利犹太人的头上时，一位 37 岁的中国人来到了奥地利首都维也纳。

中国外交官何凤山

1938 年 5 月，中国政府驻奥地利维也纳总领事何凤山上任。

1901 年 9 月，何凤山出生在中国湖南省益阳县的一个农民家庭。1926 年从长沙雅礼大学毕业后，考取政府公费，赴德国明兴（慕尼黑）大学深造，1932 年获得经济学博士学位。第二年何凤山回到湖南，在省政府任秘书。这一年，他代表湖南省参加了美国芝加哥建市一百周年纪念展览会。这个机会促使他继续到芝加哥大学研习国际公法。

在中国的传统观念中，好男儿要"顶天立地"，而支撑这一高度的，是"仁"和"义"。仁，就是人和人之间相互亲爱；义，就是只做公正、合理的事情。

何凤山给一儿一女起的名字分另是"曼德"和"曼礼"，"德"和"礼"这两字中浸润的中国式精神内涵，既是作为父亲的他对儿女的要求，也是他自己一生的行动和追求。

在中国文化中，德，就是不违背自然地去发展自然、社会和事业；而礼，就遵守道德的规范和礼义。何凤山在自己晚年出版的回忆录《我的外交生涯 40 年》中写道："富有同情心，愿意帮助别人是很自然的事。从人性的角度看，这也是应该做的。"

何凤山博士，1938-1940 年任中国驻奥地利维也纳总领事，是最早以发签证方式救助犹太难民的外交官之一。

1935年，何凤山步入外交界，出任驻土耳其公使二等秘书。赴任前，湖南省主席何健为他饯行，何健嘱咐他说："大丈夫志在四方，你去外交界，可能将来对国家的贡献会更大，好自为之！"说完，又让人取来纸笔，为何凤山书写了一幅对联："行无不可对天之事；思必有益于世乃言。"对联的大意是，做人要讲天地良心，做事要做有用之事。这副对联跟随了何凤山一生，一直悬挂在他的客厅里。

和犹太人的友谊

蓝天白云，湖光山色，这不知迷倒了多少名流雅士的奥地利美景，一样迷倒了何凤山。

但是，最让何凤山动心的，还是维也纳的白克三姐妹。白克是维也纳大学博士，丈夫是奥地利教育部督学，白克的大姐是企业家，二姐是影星。她们高贵的气质、优雅的风度、对共同话题的真知灼见，尤其是他们对中国历史和哲学表现出的浓厚兴趣，都让年轻的、远离祖国的何凤山迷恋、快乐和自豪。

何凤山经常应三姐妹的邀请前去度周末。很快，何凤山就和她们结下了友谊。

何凤山的儿子何曼德当时十多岁，聪明懂事。他的东方面孔和好奇、好学精神尤其让白克三姐妹疼爱。而何曼德也非常喜欢这几位洋阿姨，她们的博学、优雅、尤其是认真的人生态度，在他幼小的心灵留下很深的烙印。这些精神养料，对他的人生产生了决定性的影响。何曼德后来先后考入清华大学和哈佛大学，成为诺贝尔奖得主约翰·恩德斯教授的得意门生，并且日后成了世界"干扰素"研究的先驱者之一。

白克姐妹对何曼德的喜爱和引导，让何凤山感激至深。他在自己的回忆录中说："曼德此时所受教育及指导，可以说影响了他的一生，至今记忆犹新。"

而对何凤山人生冲击最大的，也正是白克姐妹的命运。

白克三姐妹和她们的家庭都遭到了迫害。因为舍不得低价出卖工厂，白克的大姐被纳粹杀害，而根本的原因，其实是她身上有四分之一的犹太血统。

何凤山在自己的回忆录《我的外交生涯四十年》中写道："自从奥地利被德国兼并后，恶魔希特勒对犹太人的迫害便变本加厉，奥地利犹太人的命运非常悲惨。"

生命签证

20 世纪 30 年代中叶，大约有 18 万犹太人居住在奥地利。1938 年 3 月，纳粹德国吞并奥地利。不到一个月，这个欧洲第三大犹太人居住地的第一批犹太人就被送进了集中营。

当时，对犹太人的"最终解决方案"还没有出台。

纳粹德国发给犹太难民的护照，上面"目的地"一栏将"伊拉克"改为"上海"，说明上海当时在接受犹太难民方面的重要地位。

纳粹当局发出指令，只要犹太人马上离开奥地利，就可被释放。想去美国的犹太人面对的，是"对奥移民名额已满"的铁门；想到巴勒斯坦的犹太人面对的，是巴勒斯坦的实际控制国英国政府设置的无数道高墙。到了 1938 年 7 月 13 日，法国埃维昂会议 32 个与会国，只有一两个拉美小国同意收容犹太难民。

奥地利的犹太人心急如焚。一位奥地利犹太幸存者描述了当时的心态："签证！我们每时每刻都生活在有关签证的消息中，我们醒来，就被签证问题缠绕。我们时时刻刻在谈这个问题……我们能去哪里？白天，我们努力获得必要的证件、意见、印戳。晚上，在床上，我们做梦，梦里是长长的队伍，官员！签证！签证！"

当年 17 岁的艾立克·哥特斯塔伯一连几个月，跑了 50 多个总领馆，但无不失望而归。

1938 年 7 月 20 日，这天对艾立克·哥特斯塔伯来说，是掰开死神的双手回到人间的日子。那天，他不抱任何希望、惯性地拖着沉重的脚步走进中国总领馆。他惊呆了：夜漆黑，但他看到了太阳——在这里，一位年轻的中国人，一口气就为他自己和他的家人办妥了 11 份前往中国上海的签证。那位中国人像为自己做事情一样，为他这个素昧平生的、就要被碾成粉尘的低等人做事情的情形，永远地留在了艾立克·哥特斯塔伯的心里。他成功逃离了维也纳。

这位为犹太人签证的年轻人就是何凤山。

任何人只要提出申请，就能在中国总领馆得到签证。消息传开后，中国总领馆前每天都排起了长龙。

何凤山在《我的外交生涯四十年》中写道："我采用一切可能的方式，全力帮助犹太人，大量犹太人因此得以活了下

1938 年，奥地利犹太人在驻维也纳的外国领事馆前排起长队，申领签证。

来。"事实上，很多后来在中国历史上著名的犹太人如罗生特都是从何凤山手中得到的签证。

何凤山的学生刘冠初曾经回忆说，何凤山亲口告诉他，为了方便犹太人申办签证，他甚至专门派了一位领事在总领馆后面小巷的酒吧内接待并帮助犹太人办理签证，最忙的时候，一天办了几十份。

伯纳德当时六岁，他的父亲莫里斯是维也纳银行职员。反犹暴行爆发后，纳粹党徒破门而入，把他家里洗劫一空，还把莫里斯送到了达豪集中营。母亲史特拉就是凭借刚刚拿到的中国签证，把丈夫从死神的手里拉了回来。随后，他们一家三人到了上海。

抵达上海的犹太难民正在进餐

加拿大克劳斯女士回忆：当年，她的丈夫在中国领事馆外排队等候时，见总领事的车经过大门，就从车窗把签证申请表扔了进去。结果，很快就接到电话通知，拿到了救命的签证。

格林伯特是维也纳爱乐乐团的首席小提琴演奏家。早年他随父母来到上海。在上海接受了音乐启蒙，学习拉小提琴。说起这段往事，小提琴家感慨万千，自己的生命与事业，全都是拜何凤山博士义举所赐。

一天，何凤山约定为就要逃离的驻维也纳美孚石油公司经理罗森堡一家人送行。没想到这天所有奥地利的犹太人都遭到了软禁。罗森堡打电话暗示何凤山不要前来。但何凤山没有停下脚步。到达罗森堡家时，罗森堡已被纳粹带走。何凤山立刻走到两个盖世太保面前，"我是中国政府驻维也纳的总领事。罗森堡先生早两天就办理了中国签证，他的合法权益受中国保护。我请你们停止抄家，释放罗森堡，"他说。不久，罗森堡就获得了释放。为防止意外，何凤山用总领事馆的汽车亲自把罗森堡一家人送出了维也纳。

因为何凤山的签字盖章而获得生命的犹太人，都说何凤山发放的，是"生命签证"。

"二战"期间，有多少犹太人死亡？纽伦堡国际法庭根据世界犹太人大会数据计算出的数字为5721800人。负责搜捕和消灭犹太人的党卫队一级突击队长艾希曼在1944年8月的一次谈话中说，死于灭绝营的人数有400万，被用其他方式解决的有200万。1943年3月，德国保安总局一个专门负责向希姆莱报告犹太人居民情况的统计员科尔赫尔在一份报告上说，到那时为止，犹太人死亡人数达到450万。

有报道说，德国和奥地利的33万犹太人，到"二战"后，仅有4万人活了下来。

从1938年就任驻维也纳总领事，到1940年5月离职，何凤山到底签发了多少张"生命签证"直到今天也还难以考证，但犹太人幸存者们的一些护照原件提供了参照：1938年6月时，签证号为200多号，到1938年7月20日时，签证号已超过1200号。而何凤山1940年5月才离职，离职前从没停签过签证。这样算下来，何凤山任维也纳总领事期间发放了数千个"生命签证"。

当然，当时，中国的大部分地区包括犹太人愿意去的上海都已经被日本侵占，只有签发上海签证权的何凤山也知道自己发放的只是"名义上"的签证，但是，他更知道，这名义上的签证，完全可以作为犹太人移民国外的证明，绝对是他们逃离死神的护身符。许多人凭着前往上海的名义签证，最终逃往了美国、加拿大、南美洲、巴勒斯坦、菲律宾、古巴等地。

欧洲历史学家们多数认为，何凤山是最早以发放签证的方式救助犹太人的外交官。

　　在帮助犹太人方面，众多外国总领事中只有中国总领事何凤山最积极主动。他不仅公开与犹太人保持来往，而且还提供一切力所能及的保护。这让纳粹恼火。他们以中国总领馆租用犹太人房子为由，强行没收了中国驻奥地利总领事馆的房产。但何凤山把领事馆搬到了城市公园旁边一所公寓里。外交部不给租借费用，何凤山就自掏腰包，还是签证不停。

　　中国驻德大使陈介得知这一情况后，立刻从柏林给何凤山挂长途电话，命令他"大幅压缩对犹太人发放签证"。此时，正是纳粹屠杀犹太人的高峰期，每天都有几百犹太人被杀害，近千人被送进集中营。何凤山一面回复"等待进一步指示"一面加快发放签证。

不久，又有人汇报："何凤山出卖签证、贪赃枉法。"何凤山回复陈介说："既然只要申请，皆可以得到签证，人家何须花钱贿买？"

不久，何凤山还是被外交部记过并调离维也纳回国。

1973 年，外交生涯长达 40 年的何凤山退休，在美国旧金山市定居 20 多年，直到 1997 年 9 月 28 日离世。

沉默者

世界上看过《辛德勒的名单》这部电影的人太多，这让辛德勒在"二战"期间营救犹太人的故事家喻户晓。但中国人更为他们的外交官何凤山骄傲。他是最早通过发签证的方式帮助犹太难民逃脱纳粹大屠杀的外交官之一，而且，他从来没有因此而四处张扬。

1997 年 9 月 28 日，96 岁的何凤山在美国旧金山去世。在《波士顿环球报》当过记者的女儿何曼礼为父亲写了一个讣告刊登在这家报纸上。讣告中提到了曾在维也纳任总领事的何凤山为犹太人发过大量签证的事。讣告刊出后不久的一天，何曼礼接到一位素不相识的犹太裔历史学家艾立克的电话，他向她询问何凤山向犹太人发放签证的事。于是，何曼礼告诉他，父亲晚年出版了一本回忆录，这本名为《我的外交生涯四十年》的回忆录，提到过此事，但也只有不到一个段落的笔墨。何曼礼提供的讯息引起了犹太研究组织 Visa for Life 的高度关注，在何曼礼的协助下，Visa for Life 与中国上海的犹太研究中心共同收集资料，1999 年，在温哥华召开的犹太人国际研讨会上，正式向世界公布了何凤山的事迹，世界各大媒体纷纷予以报道。

　　2000年2月18日，中国《人民日报》驻瑞典记者章念
生在斯德哥尔摩采访了艾立克。艾立克说，两年前，在犹太人
圈子里，没人知道何凤山博士的名字。而现在，他接触到的几
乎每一个犹太人，都在讲述着何博士的故事。因为经过发掘
才知道，在世界上最有权势的犹太人中，很多人的父母都是
被何凤山救的，其中包括现任全世界犹太人大会秘书长伊斯雷

尔·辛格。这位美国著名的亿万富翁曾含着泪水对艾立克说：
"我的父母是何凤山博士救的，他是一位真正的英雄。我一定
要把他介绍给全世界的人。"

艾立克说，"就像辛德勒一样，何博士的故事将会被越来
越多的人所知晓，他将成为一个让中国人骄傲的名字。他不仅
是中国人的英雄，也是我们犹太人、西方人的英雄。"

"国际义人"

历史总是被人类穿越着，正是这样，很多事情才有了更深
刻的意义。

对于世界上的绝大多数人来说，何凤山来得默默无闻，去
得更是默默无闻，但是对于世界上很少的一部分人来说，他来
得像却救世主；而对人类的这段历史来说，他的来去无不轰轰
烈烈。

2000 年，何凤山被以色列政府授予"国际正义人士"称号。
这是以色列为救助过犹太人的国际人士颁发的最高奖。

2008 年 5 月 21 日下午，在美国首都华盛顿，国会参议
院拉塞尔办公楼大厅中，一个以"凤"字为主题的何凤山生平
事迹图片展吸引了众多美国国会议员和政府工作人员。那些衣
着得体、举止有度的先生女士们，面对照片，或驻足凝视，或
小声赞叹。这是美国海外遗产保护委员会为何凤山举行的纪念
活动。

美国保存海外遗产委员会的成员戈德说："何凤山从来不
求名，不要求得到别人认同，不寻求赔偿。他的能力和个性促
使他把人类的需要放在第一位。"

2008 年 11 月 6 日，何凤山纪念牌揭幕仪式在奥地利首

在上海港码头上迎候
犹太难民的人群

63

都维也纳举行。出席纪念仪式的人来自以色列、中国、美国和奥地利……仪式就在维也纳市中心当年中国领事部所在建筑物门前举行。两块铜制的纪念牌上，分别用德文和英文记录着何凤山当年的事迹。

2001年，联合国总部举办了名为《生命签证：正义与高贵的外交官》的纪念展。这次纪念展上，展出了"二战"期间，各国外交官拯救犹太难民的英勇事迹。何凤山的照片被放置在正中央。

在耶路撒冷举行的"国际义人——何凤山先生"纪念碑揭

2004年2月19日，以色列学生代表拉米（左）在位于耶路撒冷的何凤山义举纪念碑前向何凤山的女儿何曼礼（右）致感谢辞。

碑仪式上，以色列总理沙龙在纪念碑前说："他，不是英雄，也不是天使，他是上帝！"

益阳和耶路撒冷的纪念碑

"希望百年之后魂归故里，长眠在家乡的土地上。"这是何凤山病逝前的唯一愿望。2007 年 9 月 25 日，何凤山骨灰被儿女们运回湖南老家安葬。湖南益阳会龙山公园，何凤山的墓碑在翠竹松柏掩映下显得古朴、庄严。在黑色的大理石墓碑上，刻着何凤山的诗句："大造生才非偶然，英雄立志岂徒然。而今愿集精与力，万里前程猛着鞭。"

揭碑仪式结束后，以色列驻华大使安泰毅代表以政府正式授予何凤山以色列国"荣誉公民"称号。安泰毅双手将一捧鲜艳的黄菊花轻轻地放在何凤山墓前。低头默哀。"是你的义举点亮了人性的光辉，划破了纳粹时代的黑暗。"他说："我们有一句名言：救人一命就像拯救了一个世界。而何博士救了数千人，其义薄云天之举足以让犹太人世代缅怀。"

《当代长篇小说选刊》2013 年第 5 期，收录了《远东来信》。这部讲述第二次世界大战期间，一名犹太男孩流落中国的经历。有人赞誉《远东来信》是中国版的《辛德勒名单》。

作者张新科说："这本 35 万字的书，从准备到完成，用了 18 年。"1995 年，留学德国的张新科常常被国外同学冷嘲热讽。"第二次世界大战中，中国人是在为自己而战，对于其他国家民族没有帮助。中国人缺少'国际情怀'。"不久，张新科坐火车从汉堡前往柏林时，在当地德文报纸上，看到了何凤山向数千犹太人发放签证的故事。这启发他创作了《远东来信》。

犹太民族最著名的典籍《塔木德》认为，善行最重要，并且要求人们用行动体现美德。《塔木德》中记载了这样一个故事：有一天，国王召唤一名男子去皇宫。这名男子有三个朋友。其中一个是他的"莫逆之交"；另一个他虽然喜欢，但比不上前一个；第三个比起前两个就疏远多了。国王的召见让这位男子心生恐惧，他猜测也许是自己做了违法之事，就决定邀请三位朋友和他一同进宫。他第一个想到的就是那位密友，但是密友断然拒绝他。于是他找他喜欢的第二位朋友，得到的回答是："我可以送你到皇宫门口。"最后，他失望地去了第三位朋友的家，没想到的是，这位朋友立刻就同意陪他进宫。为什么三位朋友有三种不同的态度呢？《塔木德》认为，第一位朋友是"金钱"，人心尽管贪财，但生不带来，死不带去；第二位朋友是亲朋，只能将他送到火葬场，然后便弃之不顾；第三位朋友是"善行"，虽然平常不太密切，但只有它才会在他死后伴他永眠。

一位犹太幸存者在奥地利首都维也纳的何凤山纪念牌揭幕仪式上说："有些人虽然早已不在人间，但这些人是月黑之夜的星光，为人类照亮了前程！"

在联合国总部举办的《生命签证：正义与高贵的外交官》纪念展现场，一位犹太女子在陈列的父亲的签证前，紧紧拥抱何凤山的女儿何曼礼。她说："看见你，我好像看见了我的父亲。"

以色列前驻华大使海逸达说："中华民族的古老文化接纳了犹太人。深入人心的中国儒家、道家文化使仁爱、互助超越了民族和宗教的界限。"

2001 年，以色列政府在以色列民族的圣墙所在地耶路撒冷为何凤山建立了纪念碑，碑上刻着"永远不能忘记的中国人"。

阳光长久在停留在圣墙和纪念碑上，纪念碑和圣墙也长久地反射着太阳的光芒。

何北剑 编写

2007 年 9 月 28 日，何凤山博士纪念墓地在湖南省益阳市落成揭碑。时任以色列驻华大使安泰毅在纪念墓地落成揭碑仪式上献花篮。

他让昨日重现

"花花公子"

"我曾是个优雅而快乐的年轻人，这就是我总是被人簇拥的原因。你看这张照片，我那时候很漂亮，不是吗？而且又很有才干。我一生都在寻觅我内心的幸福。我所寻求的是内心的满足，还有爱。"他说。

说这话的人已经辞世。他的名字叫希约马·里夫希兹（Sioma Lifshitz），也叫沈石蒂。

"希约马活得根本不像一个70岁的人，"罗莎丽亚说，"他的表现就像是25岁。钱财引不起他的兴趣。他是个性情中人，情感丰富，对各类事务都留有深刻印象。他会突然想要摄影，突然要写诗，突然又想跳舞——于是他就真的跳起舞来。就算是洗碗他也洗得津津有味。他爱着我，就好像我是个婴儿一般地爱着我……"他在世的时候，他的妻子就这样评价他。

摩西是他的继子。摩西说："他一直那么乐观，就像一个孩子，

我们一同度过了那么多美好的时光。我对他怀有深深的感激之情。因为他，我现在也成了（以色列）国内数一数二的珠宝摄影家。"

有白天就会有黑夜。1986年，希约马·里夫希兹在以色列走完了84岁的人生。在他生命的最后日子里，妻子罗莎丽亚和继子摩西一直陪在他身边，尤其是罗莎丽亚，总是把他冰凉的手放在自己温暖的手心里轻轻抚慰。这虽然不能平息最终夺走他生命的严重的哮喘，却也让他没有了孤单、无助的感觉。不过，所有这一切，都不能阻止他的远离，那是一种节日焰火从灿烂到被黑夜淹没的过程。尽管他也知道，那是一种必然，但焰火的流光溢彩，又怎能不让人忘乎所以呢？

应该说，作为摄影师，犹太人希约马·里夫希兹的生命和生活的焰火，都是在中国的上海绽放的。他曾和记者说起他的上海人生，毫不掩饰内心的幸福和快乐："我的人会去所有地方，到所有场合。我们拍过船只、工厂、宫殿、剧院、夜总会；拍过贵族、演员、水手、士兵。我拥有新闻摄影部、商业摄影部和艺术摄影部。一切都管理得井井有条，所以我有大把的时间去娱乐，我享受着人生的乐趣。我到处撒钱，存不下一点点积蓄。那个时候是二十世纪三十年代，我就有三辆汽车，每辆

都有专职司机。我有两套公寓，还有很多女朋友。我有过很多的爱！美妙的爱！我曾是那种上海的花花公子。"

在上海，希约马·里夫希兹有个中国名字——沈石蒂。

两万张照片

2013 年 2 月 1 日，中国新闻社发布消息说："上世纪的1922 年到 1955 年间，犹太摄影师沈石蒂在上海拍摄了超过700 幅各个阶层的人物肖像。这些照片日前被结集成册，并在沈石蒂工作室旧址前举行了首发仪式。仪式后召开了座谈会，在老照片中找到自己的人，也来到现场并参加了座谈会。

消息说，这本画册名为《瞬间永恒：沈石蒂摄上海华洋人物旧影》，分为孩童篇、淑女篇、绅士篇和合影篇。附录中还收录了他的生活照、工作场景照、外景照等，并附上了各地媒体的报道。

这些照片只是沈石蒂带回以色列的两万多张照片中的一小部分。

画册出版方说，这批老照片中，外国人大约占 55%，中国人大约 45%，其中又以女性为多，约占 65%。镜头中的孩童天真可爱，淑女婉约美艳，绅士优雅自信，将军英武挺拔。从能够确定的人物身份看，他们中既有普通的上海市民，也有高级白领、电影明星、成功的企业家、政府官员和外交人士。

首发式上，以色列驻上海总领事艾雅克说，在二战时期，对遭到纳粹迫害的犹太人来说，上海也许称得上是全球最温暖、最宽容的地方。

1922 年到 1957 年，沈石蒂在上海拍摄的大获成功的照片，不但照亮了他作为难民的逃亡生活，让他享受到了那个年代中

2012 年 6 月 11 日，上海，"上海方舟：以色列摄影大师沈石蒂老上海人像展"正式开幕。以色列驻上海总领事艾雅克致辞。

国乃至世界上所有国家的人们所能想象的最好的生活，也让这个时期的上海，有了一份特殊的美好回忆，更让这个时期的中国历史有了定格的一页。

1957年，沈石蒂离开上海，移民以色列。在那以后的几十年中，五光十色的上海总是走进他的梦里。这是一种快乐，但也是一种折磨。重回中国、重回上海，成了沈石蒂唯一的愿望。

2011年，摩西专程拜访了到以色列访问的上海犹太研究中心潘光教授，并向潘教授展示了继父的一些摄影作品。在潘教授的建议下，摩西从作品中精选了两百余张，刻录成光盘，寄给了以色列驻上海总领事馆。

2011 年 10 月 24 日，以色列驻上海总领事馆官方微博发布了一条微博："今天开始我们会陆续放上一些老照片，所有照片都是上世纪 20 年代上海南京路上的一个犹太摄影师 Sam Sanzetti 所拍摄的。因为年代久远，照片上的人物的名字都没有被记录下来。如果你看到照片上有你认识的人，或许就是你的祖父、祖母，请让我们知道。"

在媒体见面会上，以色列驻上海总领事馆副总领事罗松泊指着老照片说："中国有句俗语：眼见为实。犹太人也有句俗语：眼见好过耳闻。这些照片就是中国人民和犹太人友谊根深蒂固的最好见证。我们要为这些照片办个展览，并将它们归还给上海。"

这本画册，就是这那次网上展示和线下展览的一个汇总。

橱窗内外

照片不但能讲述自己的故事，还能讲述照片背后的故事。

以色列驻上海总领事馆在官方微博上开始发布沈石蒂在上海拍摄的老照片一天半后，有细心的记者就发现，每幅照片下都有大量的跟帖，其中，一幅女子半身肖像照已经被转发了 3900 多次，评论也多达 1000 多条。

"从发黄的相纸、沧桑的车辆、英文的招牌、行走的路人能窥见上个世纪 20 年代上海的繁华；红指甲的美妇、英气逼人的青年、朗目红腮的少年，让人遥想上海滩当年的时尚。"一位名叫"真不在乎"的网友评论说。名叫"翠影红霞"的网友留言说："百年前的魅力，说不出的风情，怎样的繁华怎样的光阴？我公公婆婆的结婚照在回香港的火车上和行李一起被偷。看到这些相片更加怀念他们。"也有网友建议在台湾、香港也同样发布这些照片，"照片的主人也可能会在那里，看到了，也会有美好回忆"。

"他为我们拍的照片我们一直保存到现在"，老照片中的人物之一——81岁的曹莉贞和她82岁的丈夫陈立善出席了《瞬间永恒：沈石蒂摄上海华洋人物旧影》画册首发仪式和座谈会。

1954年，陈立善25岁，在一家纺织厂当技术员。当时，他希望白天只有一个小时，其他的时候都是晚上，他能挽着她的胳膊在迈尔希爱路（Route Cardinal Mercier，今茂名路）散步。他的她叫曹莉贞，24岁，在一所学校当数学老师。迈尔希爱路上的店铺处处是"风景"，但"沈石蒂摄影作室"却是他们的最爱。

陈立善高中读的是上海中学，是当时上海最好的学校之一。57年后的今天，他还能说一口流利的英文。"在中学时，学校除了中文、历史和地理，其他科目都是用英文教授的，"陈立善说。每当沈石蒂摄影工作室橱窗里换上新照片，这两位知识分子都要停下脚步看上一会儿，品评一番。"Very classical（很经典），"他们最后决定，"拍订婚照就选这家！"

拍照那天，曹莉贞穿了件绿色印花旗袍，陈立善西装笔挺，两手背着，站在她的身后。"我们只是拍一张订婚照，但沈石蒂请我们都单独拍了几张，"陈立善说："他很仔细，花了很长时间。他像导演一样，让我拿着手帕。"

"过了几天，还没到取照片的日子，我路过他的工作室，让我大吃一惊：我的照片在橱窗里！我马上进去管他要，但沈石蒂不肯给，他说'这张照片太美了，一定要在橱窗里多展示些时候才对得起你自己。'"曹莉贞回忆说，"沈石蒂不是个让人讨厌的人，那时我们也年轻，对在橱窗里展示也没有特别

的反感。"

　　让曹莉贞和陈立善遗憾的是，他们要拍结婚照的时候，沈石蒂工作室已人去楼空。他们只好又找了一家在当时也十分有名的照相馆。但是，"和沈石蒂拍的比，那就显得非常平庸了，"陈立善说。

　　孙逊的两张照片今天还挂在母亲卧室的墙上：一张是他的个人照，一张是他和母亲的合影。两张照片都摄于 1954 年，当时他只有 1 岁。

　　看到网上的老照片，孙逊立刻找到以色列驻上海总领事馆进行了确认。

　　1950 年，孙逊的父亲从美国的威斯康星大学工商管理专业毕业，回到上海阜丰面粉厂工作，他的祖父是这家企业的董事长兼总经理。父亲告诉过他，他拍那张照片时，其实父亲就蹲在他的身后用手扶着他。"父亲的上海话说得不好，但英语却好，所以我想，到沈石蒂的照相馆里照相，用英文交流肯定会让他轻松不少。父亲是个有品位的人，只要条件允许，他一定是到最好的地方。就像他理发会去南京美发店，吃本帮菜要到德兴馆一样，他带我们去沈石蒂照相馆，那一定是因为那里的品质最让他满意。"孙逊说。

上海茂名南路上的法国梧桐，有的已经生长了一百年；它们的浓荫，轻抚了无数在那里散步的情侣。它们肯定记得1951年的情形：一个叫傅立敏的18岁少年，和一个叫张真我的女孩手拉着手走出它们的绿荫，走进老锦江饭店13层楼底层的咖啡厅里。"饭店有一扇朝茂名南路打开的小门。在那里喝杯咖啡或者吃些点心后我们就出来，往淮海中路的方向散步、逛店买东西。"傅立敏回忆说，"今天锦江饭店对面的花园酒店原本是法国俱乐部，去那里跳交际舞也是我们约会的一个项目。"

傅立敏和张真我散步的时候，只要路过沈石蒂的摄影工作室，就会被它的橱窗吸引，一旦向里面张望，每次都能看到沈石蒂正在向他们微笑，有时还推门出来招呼他们进去看看。

"沈石蒂照相馆有两个铺面，店很低调，只是门的上方钉了一块牌子，写着他的英文名。这个地方地段好，租金贵，可以推测价格不菲，门口又没有价目表，很少有人敢推门进去。有一次，我们突然就决定拍一张照片，"傅立敏说，"每次出门赴约，我一向都是西装领带的装扮，头发也梳得油光水滑，张真我也总会穿一条淡雅的素色裙子。所以，那次突然决定的拍照，效果也不错。其实他的工作室相当简单，并没有复杂的布景，而这也正是他的与众不同之处。我最喜欢沈石蒂摄影时的布光，让人物的身后有一片晕染的光亮，看上去特别有立体感。"

六十多年过去，他们保留下来的只有一张合影照片。由于固定照片的纸板上有 S.M.Sanzetti 的印刷签名，傅立敏夫妇对沈石蒂又有着深刻印象，所以，他们认定自己也是那家照相馆的顾客，只是他们的照片这次没有被展览方洗出来而已。

轮船

从上海移民以色列 14 年后的 1970 年，68 岁的沈石蒂还干着摄影的行当，是当地小有名气的商业摄影师。在他的家里，他和以色列报纸《七天》的记者诺瑞特·哈里夫谈起过他生命中的上海。

诺瑞特·哈里夫在一篇报道里写道："他们要求他用胶片留下他们的影像。他们穿着优雅，配以首饰和荣誉徽章，志得意满如参加典礼一般庄重。这些人里有富裕的中国人、政界要员、达官显贵、各国使节、地主、磨粉厂厂主，有尊贵的夫人，娇弱的少女，母亲和孩子，忠贞的妻子，也还有……情妇和小妾。而他，沈石蒂先生，用他的相机和镜头将所有人变为永恒。"

其实，在沈石蒂自己知道，在他把很多上海人变成永恒的同时，上海也把他变成了上海的永恒。

1902 年，沈石蒂降生在俄国的克里米亚半岛，被起名希约马·里夫希兹（Sioma Lifshitz）。希约马的父亲是一所学校的教师。所以他在家里接受教育，没去过学校。沙皇俄国迫害犹太人，和许多俄国犹太人一样，13 岁的他和家里人辗转，来到了中国的北方城市哈尔滨。靠着父亲做服装和布匹生意，八口之家很快就过上了不愁吃穿的生活。

最初两年,沈石蒂在一家百货公司里做送货员。15岁那年,沈石蒂进了技术学校。1917 年俄国十月革命,事实上驱赶了大部分贵族、资本家、旧官员甚至是知识分子。他们中的一部分涌入了哈尔滨,这让找工作在当地变成了一件困难的事情。最终,沈石蒂在远离哈尔滨市的中东铁路齐齐哈尔站和海拉尔站找到了车床操作工的工作。

时尚的思想几乎能立刻吸引年轻的沈石蒂。但在家里,没有人倾听他的宣讲。1919 年,中东铁路发生了罢工,失业的沈石蒂和家人又开始了流亡。

沈石蒂曾回忆说:"1921 年的一个夜里,大街上出现了日本士兵——他们向我们开枪、向平民开枪、向无辜的人开枪。他们杀人后把尸体扔在大街上。我感到震惊……第二天我就逃到了港口。那时候我 17 岁，什么也没有带。我上了一艘开往上海的英国船。"

上海

20 世纪初的上海，是和纽约，巴黎，伦敦齐名的远东第一城市。美国的福特汽车每出产一个新款，一个礼拜后，就会出现在上海的街头。

上海让沈石蒂的逃难变成了享乐，沈石蒂也让上海成了自己生命的万花筒。

其实，从 19 世纪开始，由于当时中国的清政府和外国列强签订了一系列的不平等条约，地理位置好、水陆运输无不方便的上海，成为中国对外开放的通商口岸之一。英国、法国等西方列强在上海建立了租界地，在租界内运行西方资本主义的开放式管理，在吸引全世界的冒险家的同时，也吸引着封建皇权专制下中国国内和其他地方的优秀人才。

日本作家江户川乱步的一本小说中有过这样的话，大意是 600 万人的东京虽然比不了贵为远东第一城的大上海，但也足够繁华。江户川还有一部作品，名字叫《黄金假面人》，里面曾提到，上海比日本任何地方都好，是个能让日本人忘记回家的地方。

有史书记载说，清朝末年的时候，官场内流传着这样的说法：在上海当第一大的官，那是全国最"肥"的官。

到了 20 世纪二三十年代，高楼和银行林立，满街各种肤色的人流，灯红酒绿，上海的繁华已经可以用"不夜城"来形容。

当时，著名的中国实业家有航运巨头虞洽卿；银行家陈光甫、荣氏家族；火柴、煤炭大王刘鸿生；百货大王郭琳爽；航运大王董浩云、包玉刚；娱乐大亨黄楚九；影视大亨邵逸夫。

很多名人也都在上海留下了他们的足迹，他们中有后来成为中华民国总统的蒋介石，宋蔼龄、宋庆龄、宋美龄宋氏三姐妹，后来成为中国共产党第一任总书记的陈独秀，文坛领袖鲁迅，电影戏剧翘楚梅兰芳、阮玲玉、胡蝶、赵丹、白杨，著名画家徐悲鸿、张大千，黑道首领黄金荣、杜月笙等。这些人不但在当时，就是在当代中国甚至是世界上，都有着不同程度的影响。

大上海一少半是光明，一大半是黑暗。住在上海的人中，更多的是寻常百姓、没找到机会的外地人和被生活打败了的落魄者。

5月，算得上是上海最好的时节。属于典型的亚热带海洋性季风气候的上海，四季分明，温和湿润。但6月中旬到7月上旬是它的"梅雨"季节，阴暗和细雨会一连十几天留在空中不走。

那艘轮船在1921年5月的一天，把17岁的犹太人沈石蒂送到了上海。

他既是到了机会之都，也是到了艰苦之境。

20世纪70年代，沈石蒂接受以色列《新消息》报的采访时，描绘他刚到上海时的感受说："上海是个很不寻常的城市，充满了变化与喧嚣。这又是一个熙熙攘攘的城市，有骗子，有小偷，有妓女，有奴隶。这还是一个有着无数种色彩和无数种气息的城市，又脏乱，又绚丽。所有东西都那么有趣，那么令人称奇。但我并没沉溺于浮华世界之中，我只做自己真心想做的事。"

初到上海的沈石蒂，住在收费最低的小旅店里。他干上了投资最少、收益最快，但也最没有社会地位的工作——擦皮鞋。

拍照

他把自己的擦鞋摊摆在了当时上海最繁华的一条商业路面——南京路上的一家美国人开设的照相馆门口。很快，他就积攒下了一小笔钱并立刻买了一架廉价的小照相机。工作之余，用镜头收录中国上海的异国情调成了他的最大乐趣。

擦鞋之余，他经常拿出自己的作品欣赏。一天，一位名叫温德伯格的美国摄影师扫了一眼他的作品，立刻停下脚步对他说："你拍得非常好。如果你愿意到我的摄影工作室来工作，我将非常欢迎。"

1928年，也就是沈石蒂到上海的第六年，由美国柯达公司出版的《摄影室之光》杂志封面，选用了他拍摄的上海女子的肖像。杂志以《那些照片和拍它们的人》为题，介绍身在远东第一大城市中的这位年仅26岁的摄影师说："中国人能够欣赏好的照片，在中国的大城市里，也能找到很多好摄影师。沈石蒂就是上海摄影师中的佼佼者，他年轻又充满抱负，尽管26岁的他只有五年的专业摄影经历。十几岁时，他就从俄罗斯到西伯利亚，再来到中国。六年前，他来到了上海。在学校念书时，他就爱拍照。在他的远东旅行中，他一路拍了不计其数的照片。"

可见，沈石蒂真心想做的事，就是拍照。沈石蒂答应了邀请他的温德伯格先生。没几个月，摄影爱好者沈石蒂就完全迷上了这份新工作，以至于当一个美国商人建议为他在上海开一间专门的摄影工作室时，他毫不犹豫地接受了。

不久，沈石蒂的工作室顾客好评如潮。他的顾客群非常忠实而且数量不断增加。

《摄影室之光》杂志写道："沈石蒂的工作室很快就成了

上海最出名的摄影工作室之一。他把工作室搬入了更大的地方——位于城中更好的地段。除了才华，他的成功还得益于他使用了 Eastman Portrait Film 胶片和 Vitava 相纸——这种胶片和相纸被公认是目前世界上最好的摄影材料，能创造出最佳的影像效果。"

《摄影室之光》杂志接着写道："现在，沈石蒂在上海正经历着崭新却也最纠结的人生时期：他的工作室已经有了四间分店，但他依然有着环游世界的抱负。所以，要实现抱负，他就必须找到一个能保证工作室信誉的高手接替他一段时间——而他对自己的工作又如此自豪与骄傲，以至于根本就寻不到那个能接替他的人。"

短短几年，沈石蒂就在上海中心地段——南京东路 73 号拥有了有 11 个房间的大型工作室，雇佣了 31 名工作人员。此后，他又在陈立善夫妇拍摄过照片的茂名路 73 号及另外两处开设了分店。

为了更好地开展业务，沈石蒂把自己的名字改成"Sanzetti"。为了中国顾客，他还把自己的新名字翻译成中文"沈石蒂"。

在沈石蒂以色列的家里采访过他的记者哈里夫说："沈石蒂说过，当时一个日本合伙人管理工作室的对外业务。他的工作室拍摄了很多名人肖像，有墨索里尼时期意大利驻上海的公使、教皇在当地的代表、印度的王公、当时中国的外交部长宋子文的母亲……"

研究中国摄影史的陈申说，"当时的上海是一个开放的国际都市，人们追求时髦的现代生活。沈石蒂西方式的审美，迎合了上海人的审美情调。"陈申举例说，中国人到照相馆大多是拍全家福，就是拍个人肖像照，也大都是正襟危坐，这是中国人的审美情调。而西方人则以个体为核心，喜欢表现人的个性。看沈石蒂的照片就会发现，他镜头下的中国人大都有着悠闲、浪漫的情调。这和当时上海甚至整个中国其他照相馆的作品，有很大的不同。

沈石蒂的继承者和学徒、他的继子摩西也说："他每次拍照都试图从人物的神情中挖掘他最真挚的一面，他能和拍摄对象作很好的交流，进入他所希望看到的状态。"

陈申说，在当时，能雇佣 31 名员工的摄影工作室，就是在全中国也找不到第二家。在老上海，能雇佣七八个人的已经算是比较大的规模了。陈申分析，沈石蒂雇佣 31 名员工，可能还从事其他业务，比如承担婚庆公司的功能，运营整套结婚典礼。

《中国摄影史略》记载，19 世纪 50 年代，法国人李阁朗在上海开设了第一家照相馆，以后好多年，上海仅此一家。到了 20 世纪初，中国的照相馆已深入农村腹地。20 世纪 20 到 40 年代，是照相业繁荣的时期，尤其是在大都市，比如上海。当时国门大开，中国社会和经济处于崩溃和重建的开始时期，而照片则成了这一切的最直观的风向标。

到了上海的沈石蒂，正赶上了上海照相业蓬勃发展的时代。当时上海大街小巷的照相馆有几千家，最有名的四家被称为"四大天王"，它们分别是王开、万象、顶张和耀华。沈石蒂的成功，冲破了这种格局，并带来了全新的风格。

陈申说："上海的电影业也是 30 年代以后发展起来的。沈石蒂的造型、手法跟电影业很相似。中国好一点的照相馆，尤其受好莱坞电影的影响。好莱坞电影的黄金年代，就是中国照相馆的黄金年代。"

俄国犹太人格利高里·克莱巴诺夫开在上海静安寺路（今南京西路）的西伯利亚皮货店，摄于 1936 年。

犹太人

在沈石蒂生前保存的柯达公司广告中，他被描述为"成为中国摄影大师的犹太人"。

潘光教授是上海犹太研究中心主任，曾出版了多部研究上海犹太人的专著。潘光在分析沈石蒂的上海传奇经历和成功时说，沈的个人经历和许多其他俄罗斯犹太人相似，时代成就了他们，他们也造就了时代。

1840 年鸦片战争后，犹太人来上海形成一股持续不断的潮流，其间出现了三次高潮：第一次是 19 世纪 40 年代后的数十年里，从巴格达、孟买、新加坡、香港等地来沪经商办实业的塞法迪犹太人（Sephardi），他们主要经营洋行和房地产，代表人物有沙逊和哈同；第二次是 19 世纪末为逃避反犹恶浪、革命和内战来上海谋生的俄国犹太人，亦称阿什肯纳兹犹太人（Ashkenazi）；最后一次是 1933 年到 1941 年间，从纳粹统治下的欧洲逃到上海避难的犹太难民。

潘光说，近代上海的多元文化大致可分为三种：以外滩南京路为代表的英美文化（塞法迪犹太人）、以霞飞路（今淮海路）为主轴的法国俄罗斯文化（俄罗斯犹太人），以及虹口的日韩文化和德语犹太文化（犹太难民）。"相较于做大生意赚大钱的塞法迪犹太人和生活在社会底层的犹太难民，俄国犹太人处在中间位置，大多是中产阶级，做些小本生意，如餐馆、玩具店、书店、皮货店和以沈石蒂为代表的照相馆等。"

成立于 1925 年、坐落在静安寺路（今南京西路 1135-1137 号）的上海市第一西伯利亚皮货店，到现在依然生意兴隆；现在家喻户晓的"红房子西餐馆"、"老大昌"面包房，也都是由当时的犹太人最初开办的。更值得一提的是，当时俄侨带来的俄罗斯文化，尤其是歌舞和音乐艺术方面，几乎撑起了老上海国际艺坛的半壁江山，其中较著名的有傅聪的钢琴老师俄国钢琴家马可林斯基和阿达·勃朗斯坦夫人、为中国国歌《义勇军进行曲》进行配器的阿甫夏洛莫夫等等。

"俄国犹太人在商业上不如塞法迪犹太人成功，他们是属于犹太社区中的中产阶级，一般从事玩具店、餐馆、服装店、食品店这样的小本生意。但来到上海后，他们在音乐、舞蹈、美术、喜剧等方面都影响了上海的文化生活。"潘光说。

潘光认为，尽管他们从事的职业五花八门，但当时俄国犹太人身上仍然保有一大共性，即在社会动荡和大转型时期，他们都特别能抓住机遇。不管他们抵达上海时有多么艰难，哪怕是身无分文，但他们克勤克俭，生财有道，凭着诚实和创造性的劳动，仍然能很快赢得上海中外各界人士的注意，并取得令人尊敬的地位。

移民

"在上海，我被日本人逮捕过，"沈石蒂曾跟继子摩西讲述说，"那是1937年，侵略中国的日本军队占领了上海后。那间审问室里站着一个军官和两个士兵。他们审讯我时，我哼起了一首我喜欢的歌。有一个士兵走过来想要打我，但是那名军官制止了他。那位军官肯定是想，如果一个人在如此苦难下还可以歌唱，那就意味着他任何东西都不会隐藏，也不会撒谎。"

潘光分析，沈石蒂能够平安度过日本占领时期，也可能和他持苏联护照有关。他说："1941年11月8日太平洋战争爆发后，日军进入西方国家在上海的租界，把英美国籍的人关入集中营。1943年2月后，日本当局又将来自德国、奥地利等国的无国籍犹太难民迁入虹口的隔离区。惟有一些手持苏联护照或申请苏联护照的俄国犹太人境遇还好，仍然可以自由活动。那是因为1941年4月13日，苏联和日本签订了在战争中相互保证中立的条约，所以有苏联护照的人没有受到虐待。而1945年8月8日苏联对日本宣战，8月15日日本就宣布无条件投降，也没有时间向在中国境内持有苏联护照的人进行报复。"

第二次世界大战结束后，所有在中国的俄国人、包括犹太俄国人，都被允许回到苏联。沈石蒂的名字也被列入到了苏联领事馆开列的名单上。但是沈石蒂到俄国领事馆宣布放弃这项权利，留在中国。

新中国成立后的 1955 年，全国实行了公私合营，沈石蒂的工作室也被进行了国有化改造。无奈之下，他在上海的一家英国学校里教授了两年摄影课程。

1957 年，他带上照相机、留下的洗印设备和他的两万多张照片移民以色列。

他的继子摩西说，"离开中国让他非常难过，因为在上海的最后一些年，他和一个名叫'南希'的中国女人共同生活着。但因为客观上的原因，他却不能够带着这个女人来以色列。他一直在想念着她，但也一直都得不到她的消息。因为中以双方没有建立外交关系，他不敢给她写信，怕给她带去更大的麻烦。"

以色列驻上海总领事馆证实，当年，沈石蒂在上海时确实有一段婚姻，妻子是中国女人。和他结婚时，她带着一位小女孩。但她们最终未能随沈石蒂去往以色列。

爱情

20 世纪 50 年代末的特拉维夫，看上去有些萧条。沈石蒂落入了刚到上海时的境地：找不到工作、相机被偷、身无分文。

但爱情拯救了他。一次偶然的机会，他结识了罗莎丽亚——他后来的妻子"舒沙"。

摩西清晰地记得他们和他结缘的情形："那是我第一次进咖啡馆，当然，妈妈陪在我的身边。我们听到有人在说俄语，我们是苏联移民，这让我们觉得亲切也让我们激动。循着声音望去，我们看到了一个表情生动并且眼神睿智的男人。他身材不高，年纪也不小了。母亲走过去和他用俄语攀谈起来，不久，他就快活地用俄语为母亲背颂出一些诗歌，其中肯定有情诗，反正我看得出母亲显得非常快乐。这是母亲守寡后少见的表情。一段时间后，他搬来和我们一起居住，他就是沈石蒂。"

"她帮助了我，她让我振奋起来。我戒了酒，重新开始严肃地工作。我发现，生活依然是美好的，"沈石蒂不止一次对朋友们说。

摩西说："他在特拉维夫租了一间一居室的公寓作为自己的工作室。除了给一家小珠宝作坊拍摄广告外，有时还会为一家纺织企业绘制印在纺织品上的图案。这些工作都是一次性的，不能带来稳定持续的收入。我父亲是为国战死的英雄，国家每年都拨给我们生活费，提供给我们不小的住房，还让我们享受优惠的贷款。沈石蒂和我们结合后，经济上不再有后顾之忧。那时候，我大多数时间是在服兵役，休息日就去为他帮忙。逐渐我也喜欢上了摄影，但当时真没有想到，摄影竟也成了我一生的职业。"

有一次，摩西和继父在街上碰到一群年轻的中国人。沈石蒂追着他们大声地问好，得知他们是来自台湾的留学生。这些台湾留学生对他在上海的生活经历很感兴趣，之后他们多次见面，看那些他在上海拍摄的照片。"上海有中国人、美国人、印度人和混血。在这样一座城市里，人人都能找到自己的位置，"沈石蒂眉飞色舞地对他们说。

"对他来说，这些学生就是中国的标志，提醒着他曾在中国有过的难忘的生活，"摩西说。

昨日重现

沈石蒂当年拍摄的那个像好莱坞电影明星费雯丽一样的"芭蕾女孩"，名叫洪落霞，如今已经 74 岁，生活在美国。

和她的名字一样，尽管到了晚年，洪落霞看上去还是那么端庄、美丽，就像天边的晚霞是天空中最美丽的景色一样。

"当天我穿着新做的芭蕾舞服参加完一场演出，想为即将上大学的自己留个纪念，于是第一次去拍了这样的'艺术照'。那时我 17 岁。可能是看到我会跳芭蕾舞很高兴，他也没有刻意指导，只叫我随意摆出各种芭蕾造型。我只记得明亮的灯光打在自己脸上的感觉。那时很多照相馆拍出的照片都是一种味道，他拍的照片却能展现人物最美的一面。我以后拍的照片都不如这张，因此，我怀念他。"洪落霞回忆说。

摩西说："现在，看到他拍的照片在中国引起那么大的轰动，我很欣慰。我想，继父在天堂也会感受到昨日重现的快乐。"

何北剑　编写

"芭蕾女孩"洪落霞
出席摄影展开幕式

握手篇

佩雷斯的中国情 ◀
以色列的破冰者们 ◀
从香港到北京 ◀
历时 24 分钟的通讯社审批 ◀

佩雷斯的中国情

我对以色列资深政治家西蒙·佩雷斯的第一个、也是最深的一个印象是，他对中国和中国人民充满感情。1989 年，他作为以色列政府领导人第一次会见中国记者时，开门见山就说："我崇敬中国，崇敬中国革命。"1998 年，他以以色列—中国关系促进会名誉会长身份访华，热诚祝愿中国成为世界强国，并当众吟诵李白的著名诗篇《静夜思》，表达他对中国长期的思恋之情。2008 年 8 月，他以以色列总统身份来北京出席奥运会开幕式，并赋诗一首预祝这届奥运会成功。

我初次得识佩雷斯是在 1989 年。那年 5 月，我同钱文荣作为新华社记者访问长期被视为不能涉足的政治与外交禁地的以色列。我们的主要任务是了解这个国家的基本情况，探询其领导人对发展同中国关系的看法和主张。当时，以色列是利库德集团与工党联合执政。佩雷斯作为工党领袖在联合政府中任副总理兼财政部长。说实话，那时我对他不甚了解，只知道他长期在这个亲美的中东国家担任高官，从 20 世纪 60 年代起先后任占领区经济发展和难民安置部长、邮政和运输部长、情报部长、国防部长、政府总理、副总理兼外交部长。在阿拉伯—以色列冲突问题上，他虽然是"鸽派代表"，态度较为灵活，但也坚持不承认巴勒斯坦解放组织，反对建立巴勒斯坦国。

5 月 12 日，佩雷斯作为政府首位高官在特拉维夫的财政部办公室会见我们。他头发花白，满面笑容，脸上泛着红光。也许是因为第一次会见来自中国的客人，他显得异常兴奋。他首先向我们介绍以色列的经济情况。但他知道，我们最感兴趣

以色列资深政治家
西蒙·佩雷斯

的是以色列对改善同中国关系的看法。因此，他把话题很快就
转到这方面来。他说："我一直崇敬中国，崇敬中国革命。中
国是个大国，在世界上发挥着重要作用。"讲到这里，他回忆
起以色列建国之父、首任总理戴维·本·古里安。他说："我
们的导师本－古里安早就预言，中国必定有一天要在世界的东
方崛起，影响整个人类的发展进程。因此，人民中国一建立，
他领导的以色列首届政府就正式表示承认，并声明愿意建立正

常的国家关系。"但是，由于种种原因，这一愿望未能实现。佩雷斯不无遗憾地说："历史的发展往往不尽如人愿。甚至在距今十年之前，在以色列同它的交战国埃及正式建立外交关系之后，同中国竟也没能建立起任何正式关系。这不能不令人感到惋惜。"他强调："中国人有灿烂的古代文明，犹太人也有灿烂的古代文明。这两个民族在历史上没有任何怨仇。我们不是你们的敌人，你们也不是我们的敌人。我们两国没有任何理由不建立正常的国家关系。因此，我希望通过你们把我们这种愿望转达给中国领导人。"

接着，佩雷斯回忆说，几百年来，犹太人受尽欺凌和迫害，不得不流散到世界各地。但在中国，他们从未受到任何形式的欺凌和迫害。本世纪初，特别在是第二次世界大战期间，在德国法西斯迫害和屠杀犹太人的时候，几十万犹太人从欧洲移居到中国。中国不但没有排斥他们，而是欢迎他们，给他们衣食，给他们居所，给他们从事商业、教育、文化等活动的机会。在欧洲，有600万犹太人惨遭杀害，而在中国，却没有一个犹太人死于非命。讲到这里，佩雷斯用充满感情的语调说："我们感谢中国，感谢中国人民。我们非常希望同中国建立友好关系。中国同美国搞了'乒乓外交'，很成功；我们不大会打乒乓球，但很会打网球。我们可以搞一场'网球外交'。我们可以在工业、农业、科技、旅游等各个方面进行交流与合作。"

佩雷斯谈话如此坦诚友好，如此机智幽默，如此充满激情，令我深受感动。说实话，我真没有料到，在我们一直视为"寇仇"的以色列，竟有这样对华友好的人士，而且是来自政坛最高层。

会见结束前，我请他谈谈家庭情况和个人爱好。他欣然接受。他说，他有一个儿子、两个女儿。他们都很想了解和认识中国。关于个人爱好，他说："我没有别的什么爱好，就是爱读书。我读过不少关于中国的书。我也读过孔子、孟子、孙子，读过李白，读过毛泽东，当然了，都是通过英文译本。"他停顿了一下接着说："如果也算爱好的话，我还有一个。那就是同你们已故的毛泽东主席一样，喜欢夜间读书和工作。"说到这里，他笑了，在场的人都笑了。这段严肃谈话之余的小插曲，把主人与客人之间的感情进一步拉近了。"天涯何处无芳草，信哉。"这是我在当天日记上写下的一句感慨之词。

从这次会见开始，我多次访问以色列，每次都采访佩雷斯，而他每次无不谈中国，谈中国同以色列的关系。

第二次采访佩雷斯是1990年12月。在此之前，他领导的工党因为同伊扎克·沙米尔领导的利库德集团政见分歧已退出联合政府。他以主要在野党领袖的名义在议会大厦拥有一间办公室。办公室异常狭小，只能放下他的一张办公桌和女秘书的一张打字桌，连一把多余的椅子都没有。秘书小姐不知从哪儿找来两把小方凳，才解决了我们不得不站着谈话之尴尬。当时，中以建交问题的秘密谈判已开始取得进展。佩雷斯开门见山就说："我感到很高兴，因为以中两国的关系在改善。遗憾的是，改善的步子小了一点。我真希望能够早一点访问中国，亲眼看一看今天的中国是什么样子，印证一下我从书本上得到的关于中国的知识是否正确。"话虽不多，但他对中国的向往之情，殷殷可鉴。

我第三次见到佩雷斯是 1992 年 3 月。其时，中国同以色列刚刚建立外交关系，佩雷斯仍是在野的工党领袖。还是在议会大厦那间逼仄的办公室，他非常高兴地说："我们两国经过 40 多年的磨难，终于走到一起来了。我始终认为，亚洲大陆东端的泱泱大国中国同这块大陆西端的蕞尔小国以色列，代表着人类两种不同的文明，但又是两种相互补充的文明。两国必定有一天会携起手来，为人类的现代文明作出新的贡献。今天，这个愿望开始实现。"他还说："我曾多次梦想访问中国。现在，两国建交了，我看是有希望实现了。"临别前，我们相约在北京见面。

1992 年 6 月，以色列工党在大选中获胜，联合几个左翼小党上台执政。在新的内阁中，伊扎克·拉宾任总理，佩雷斯出任外交部长。翌年 5 月，佩雷斯以以色列外交部长的身份正式访华。第一次亲身来到向往已久的中国，他显然很激动。在同中国领导人会谈、同中国知识界人士座谈时，他一再说，中国的巨大变化给他留下非常深刻的印象。中国发展之迅速，不到实地看一看，简直是难以想象。他还说："中国把社会主义与市场经济结合起来，这在世界上是极为罕见的。中国是一个大国，有很多地方值得我们学习。"一位以色列资深人士后来告诉我，佩雷斯在私下谈话中高兴地把这次中国之行比喻为"圆梦之旅"。

以拉宾为首的工党政府顺应时代潮流，改变前政府在中东问题上的僵硬做法，奉行灵活、务实的政策。1993 年 9 月 13 日，以色列同巴勒斯坦解放组织签署和平协议，从而揭开了中东从战争走向和平的历史新篇章。佩雷斯对此作出了历史性的贡献。作为一位具有远见卓识的政治家和思想深邃、笔耕不辍的著述家，他把自己几十年为实现中东和平而奔走的经验和对中东地区发展与繁荣的前景的思考及时地记录下来，很快出版了一本新的著作《新中东》。新华出版社得悉，提出将这本著作译成中文出版。佩雷斯慨然应允。他说，他非常高兴他的著作能在中国出版，使中国那么多读者能了解他对中东问题的看法。

我第四次见到佩雷斯是 1994 年 1 月初在他的外交部办公室。我曾在这间办公室采访过他的两位前任——摩西·阿伦斯和戴维·利维，见证了中以两国建交过程中的一些重要事件。这些，佩雷斯事前早有所知。因此，我一落座，他就说："你是我们外交部的老朋友了。我今天非常高兴地告诉你，我对我们两国建交两年来双边关系的发展感到很满意。但从另一个角度讲，我们两国相互隔绝几十年，要做的事真是太多了。我们需要加紧干。我们应大力加强在经贸领域，在农业、科技、教育、文化、旅游等各方面的交流与合作。"他还说，他希望两国利用最短的时间在这些交流与合作方面取得最大的成效，以便把过去失去的几十年时间追回来。这不但对以色列有利，对中国也有利。这将是以色列对中国在历史上最困难的时期慷慨接待犹太人的一种回报。

谈起他的新著《新中东》一书在中国的出版问题，我受出版社之托，请他拨冗撰写一篇序言。他当即慨然应允，并在不到半个月的时间就将写好的序言传来。他在序言中说："中国和以色列地处亚洲的两端，相隔万水千山，但我们两国人民却是彼此亲近的。伟大的中国人民给世界提供了精神上的和物质上的财富。假如没有这些财富，人们将不可能描述历史的进程。"他还说："中国已经表明它能够征服贫穷和几代人以来经受的苦难。我们希望中国成为中东各族人民，既包括以色列人也包括阿拉伯人，在我们共同走向未来的道路上加以仿效的一个榜样。"序言不到两千字，但却充满他对中国古老文明的赞誉之词，充满他对今日中国现实的崇敬之情。这再次证明，他第一次接受我们采访时所说的"我崇敬中国，崇敬中国革命"绝不是一句虚言。

1995年11月，拉宾被敌视中东和平的势力杀害。佩雷斯受命于危难之际，接任政府总理兼国防部长职务。次年6月，工党在大选中失败，佩雷斯退出政坛。9月，以色列对华友好人士发起组织以色列－中国关系促进会，年高德劭的佩雷斯被推举为名誉会长。1998年4月，他率领该会代表团访华。江泽民主席在会见时称赞他是中国人民的老朋友，为推动中以两国友好合作关系的发展做出了不懈的努力。佩雷斯说："五年前我访问过中国。五年后的今天，我发现中国发生了巨大的变化，社会稳定，经济迅速发展，人民生活水平不断提高。这一切给我留下了深刻的印象。"

访问结束，他举行答谢晚宴，即兴发表讲话说："这是一个充满感情色彩的夜晚。我的心情非常激动。我来访的中国，其实不只是一个国家，而是一片广袤的大陆，一片不存在怀疑情绪的大陆，一片充满希望的大陆。"接着，他吟诵了李白的著名诗句："举头望明月，低头思故乡。"他说："每当读到李白的诗句，我都想起中国，向往中国。这是我从小就有的感情。"说到这里，他话锋一转："今天，令我感到高兴的是，

佩雷斯 2002 年 3 月在北京出席其新作《新创世记》中文版首发式

中国将成为像美国一样的超级大国。我说中国是超级大国，不是普通的、消极意义上的超级大国，而是积极意义上的超级大国；不是要主宰别人的那种超级大国，而是带来和平、友谊和奉献的那种超级大国。"他的话音一落，在座的中以双方人士就报以热烈的掌声。

晚宴即将结束时，他又谈到以中两国今后进一步加强友好合作问题。他说："我认为，两国合作的领域非常广阔。我觉得，从未来、从下一个世纪着眼，我们还有一个新的合作领域，即对孩子们、对幼儿园的孩子们进行高科技教育。在以色列，孩子们从小就学科学。中国的孩子们这么多，他们也应该从小就有学科学的机会。因此，我建议，像开办中以友好示范农场那样，以中双方合作，再开办一个儿童学高科技的示范幼儿园。"他的建议引起在场者的极大兴趣，他们热烈鼓掌表示欢迎。

在这次宴会开始之前和结束之后，佩雷斯两次同我交谈。他询问了《新中东》中文版的发行情况。他说，他非常愿意做沟通与加强以中两国人民之间了解的一座桥梁。同时，他告诉我，他最近又完成一部书稿，主要内容是通过对 20 世纪大事的回顾，对下一个世纪的全球形势和发展从各个方面进行展望和预测，书名叫《新创世纪》。回国不久，他就把这本新作的英文打字稿寄给我，授权我组织翻译、新华出版社出中文版。译毕，我征询他的意见，能否撰写一篇序言。他身居高位，异常繁忙，但仍慨然应允，并在很短时间内写好寄来。我觉得，这不但体现了他办事向来重信诺的作风，也体现了他对加强以中两国人民之间了解的关心和重视。

2002 年 3 月，佩雷斯以副总理兼外长的身份再次访华，并出席了《新创世纪》一书的首发式。他在首发式上讲话，称赞中国近年"以令人难以想象的速度在发展"，坚信以中两国之间的交流随之也会"再上一个新台阶"。首发式结束，他同在场的不少中国学者交谈。他对我说，他真没有想到，他们对他那么熟悉，一个个好像都是老朋友。

2007 年 7 月，佩雷斯就任以色列第 9 任总统，仍兼任以色列—中国关系促进会名誉会长。他一如既往，继续关注着中以两国关系的发展。2008 年 8 月，他已八十五岁高龄，不顾友人的劝阻，仍坚持来北京参加奥运会开幕式。启程之前，他赋诗一首，赞扬北京奥运会是光荣、和谐、和平之同一梦想的象征。参加开幕式后，他兴奋地说，奥运会开幕式是个宣言，宣布中国走出五千年的厚重历史，踏进现代世界的大门。中国变得强大，世界会更安宁。

佩雷斯对中国一往情深。中国人民尊敬他，感谢他。

高秋福

（新华社原副社长）

以色列的破冰者们

今年1月是中国同以色列正式建立外交关系22年。这两个有近半个世纪从没有正式接触的国家，22年前是如何走到一起的，对许多人来说恐怕是一个难解之谜。我曾参与筹建新华社耶路撒冷分社的工作，并接待很多当年以色列主管同中国谈判建交事务的高级官员来华访问，同这些以色列官员很稔熟。大家常常相聚，回忆往事。我在这里写写两国建交过程中一些轶事及不为人知的细节。

阿伦斯

摩西·阿伦斯曾任以色列外交部长和国防部长，他本是个谨饬寡言之人，但每次重访北京，他都显得很激动，话语也就比平素多。在2002年中国对外友协举行的庆祝两国建交的大会上，他动情地说："中国是东亚大国，以色列是西亚小国。从以色列到中国，飞行只需要十多个小时，而两国走到一起却花了五十多个年头。对中华和犹太这两个古老民族来说，这只是历史的一瞬，但对每个个人来说，这却是一个艰苦努力的长期过程。我作为这一过程的参与者，感到非常荣幸和自豪。"

阿伦斯从1986年6月到1990年6月担任外交部长，是以色列方面打开同中国关系的主要决策人之一。以色列1948年5月建国，中华人民共和国1949年10月成立。由于美国的干扰和以色列同阿拉伯国家关系紧张，以中两国一直未能建立正常关系。到上个世纪80年代，中美关系正常化，阿拉伯国家同以色列关系逐渐改善，巴勒斯坦解放组织承认以色列。这为以中关系正常化提供了难得的机遇。1985年，以工党领袖西蒙·佩雷斯为总理的以色列内阁召开会议,专门研究发展同中国的关系问题,联合执政的工党和利库德集团均持积极态度。阿伦斯在同我谈话时回忆说,1987年秋天,在第43届联合国大会上,他同中国外长吴学谦会晤。这是两国外长"史无前例的首次会晤","是两国官方接触的起点"。1989年1月,他又在中国驻法国大使馆会见了中国外长钱其琛,就两国关系正常化问题深入地交换了意见。

这年的5月,钱文荣和我作为新华社记者应邀访问以色列。这是中国人员首次正式访问这个犹太国家。阿伦斯在耶路撒冷会见了我们。他说:"中以两国关系近来有发展,但非常、非常慢,而如何加快步伐,完全取决于中国方面。如果中国建议今天晚上实现两国关系正常化,我当即就会表示'同意',并马上签字,五分钟之内就可建交。"他的谈话反映了以色列同中国建交的急切心情。这年的秋天,在联合国大会期间,阿伦斯再次同钱其琛会晤,决定两国之间首先互设非政府机构,即以色列在中国设立科学和人文科学院联络处,中国在以色列设立中国国际旅行社办事处。这实际上是两国关系正常化的前奏。

就在以中两国建交的条件日趋成熟的时候,阿伦斯于1990年6月改任国防部长。接替他担任外交部长职务的是戴维·利维。利维和阿伦斯都属于以伊扎克·沙米尔总理为首的利库德集团,但阿伦斯是沙米尔的亲信,同属西方犹太人,而利维是东方犹太人,与沙米尔心存芥蒂。1991年9月,在以中建交前夕,阿伦斯抢先一步,赶在利维之前秘密访华。阿伦斯回忆说,他率领一个代表团乘专机悄然离开以色列,神不知鬼不觉地直飞北京。这次访问是沙米尔总理特批,严格保密,瞒过了内阁所有成员和外交部,连以色列驻北京的科学和人文

科学院联络处也没有知会。抵达北京后，他下榻钓鱼台国宾馆。中方举行欢迎宴会前，倒是通知了该联络处负责人出席，但仍未说明宴会的主宾是何人。结果，该负责人来到宴会厅，发现主宾竟是本国国防部长，不由惊异万分，甚至怀疑自己是否看花了眼睛。

谈到这里，阿伦斯不禁笑起来，笑得很开心。他接着说，他访问了北京和成都，会见了中国领导人，受到非常殷勤周到的接待。然后，他经由乌鲁木齐又悄然回国。"一切都非常顺利，没有泄漏半点消息。"可是，万万没有料到的是，几天之后，特拉维夫出版的《最新消息报》却在显要位置刊登了他访华的一张大照片，当即在以色列朝野引起轩然大波。原来，在离开北京的前一天，阿伦斯同代表团成员一起游览长城。说来也是无巧不成书。他们一到长城脚下，就被几个以色列旅游者

发现。其中一人立马举起手中的傻瓜照相机，将阿伦斯一行摄入镜头。照片拍摄者虽然不是记者，但还蛮有新闻头脑，知道这张照片的新闻价值。回国后，他以高价把这张独家新闻照片卖给报社，阿伦斯神秘的中国之行随即曝光。

阿伦斯为什么选择那个时机秘密访华，他不愿多谈，我也不便多问。以色列报刊认为，他此行负有发展两国军事技术合作的使命。从他当时的身份看，这是不言自明的公开秘密。

1992 年 1 月 24 日在北京举行的中国与以色列建交文件签字仪式

麦宇仁

如果说以色列内阁是以中建交的决策者，那么，这次来华访问的以色列代表团成员鲁文·麦哈夫（中文名麦宇仁）则是决策的积极执行者。他告诉我，1985年底，他受委派到香港任总领事，当时的总理西蒙·佩雷斯交付给他的主要使命是"尽快扣开中国外交的大门"。经过近三年的努力，到1988年9月，终于首次取得"突破性进展"。他征得中方同意，以旅游者的身份秘密访华。到北京后，他会晤了旅游局、科学院和经贸、农业、科技等部门的人员，为促进两国的科技与经贸交流找到门径，并为以色列在北京设立科学和人文科学院联络处这个"准大使馆"初步探明情况。

这次访华不久，麦宇仁就奉调回国，被任命为外交部总司长。总司长是仅次于部长和副部长的外交部第三号人物，主持外交部的日常工作。麦宇仁说，他担任总司长三年多时间，花精力最多的"最具挑战性的工作"，仍是全面筹划进一步打开中国大门问题。他这样说看来一点都不为过。我清楚地记得，中以建交之前，我和同事三次访问以色列，其中两次是由他出面接待并主谈的。他将以色列政府关于两国关系正常化的想法和计划采取的行动都坦诚地告诉我们，希望新华社转达给中国有关方面。1991年3月下旬，他再次秘密访华。与上次不同的是，这次是应中国外交部邀请，以官方身份来访，正式探讨两国关系正常化问题。他不无自豪地说，在两国的交流历史上，他是应中国政府邀请正式访华的第一个以色列官员。他同中国外交部高官举行了"谨慎而卓有成效的会谈"，"打开了两国政治交流和官方互访的大门，把两国关系大大提升了一步"。

苏赋特

麦宇仁透露，在外交部总司长任上，他为以中关系的发展"完成的另一个重要任务"是物色以色列未来的首任驻华大使。其实，以色列外交部早就准备有这样一个人选，他就是懂中文的资深外交官泽夫·苏赋特。当时，苏赋特担任以色列驻荷兰大使。麦宇仁很快将他调回，先是在外交部内协助开展对华事务，随后就根据两国外长1990年9月达成的协议，把他派到北京，"到发展对华事务的第一线"。

苏赋特出生在英国的伯明翰，早年曾学习中文，是以色列外交部拥有终身大使头衔的少数几个资深外交官之一。我在1990年12月访问以色列时同他相识。他后来一直称我是他"正式结识的第一个中国人"。这次庆祝中以建交十周年，他以以色列首任驻华大使的身份随团来访。他回忆说，1988年底，麦宇仁悄悄告诉他，很快要把他从荷兰调回，但只说"另有任用"，而没有具体说明干什么。他自己作过种种猜想。虽然他当初学习中文的最大心愿就是出使中国，但"看到中国的大门一直紧闭，这个心愿早就淡漠了"。因此，到实现夙愿的机会真的到来时，他反而感到"简直难以相信"。

1991年3月初，苏赋特怀着无比激动的心情踏上中国的土地，用他的话说，"受到最热情、最友好的欢迎"。当时，他的对外身份是以色列科学和人文科学院北京联络处特别顾问。而实际上，用麦宇仁的话说，他是以色列"候任驻华大使"。以色列外交部交付给他的任务是，在北京全面负责对华事务，全权负责建交谈判，争取两国尽早建交。

苏赋特说，到北京之初，因为没有外交身份，他不能公开出现在正式外交场合，"只能悄悄进行地下外交活动"。所幸，在所有这些活动中，他均"得到中国各界朋友的真诚帮助"。

两国建交之前在北京进行的所有秘密交往和谈判，他都记录在后来撰写的《中国以色列建交亲历记》一书中。他多次提到，虽然早年学习过中文，但几十年不用，来到北京时几乎都忘光了。他大着胆子想用中文进行交流，但不是张口忘字，就是四声把握不准，因而经常出错，经常陷于尴尬之境。还好，中国朋友都很理解，这令他感到十分宽慰。1992 年 1 月，两国正式建立大使级外交关系，他旋即被任命为以色列驻华特命全权大使，几十年前的梦想终于实现。

现在，曾为以中建交做出重要贡献的以色列人士，有的仍活跃在政界，如佩雷斯和阿伦斯，有的已经退休，如麦宇仁和苏赋特。但是，他们一如既往，非常珍视以色列同中国已经建立起来的友好关系。他们于 1996 年发起成立以色列—中国关系促进会，继续为两国和两国人民之间的友好与合作孜孜不倦地工作。

高秋福

（新华社原副社长）

从香港到北京

谈起以色列同中国关系正常化，"麦宇仁"这个名字不能不提及。但是，麦宇仁是何许人？除外交圈的几个人之外，中国恐怕没有人知道；就是在以色列，也鲜有人知道，因为"麦宇仁"是他的中文名字。他的真名鲁文·麦哈夫，无论在以色列还是在其他中东国家，都是广为人知，因为他曾是这个犹太国家的著名特工和外交官，后来又成为以色列亲手叩击中国外交大门的第一人。

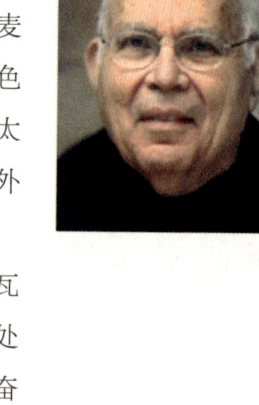

麦哈夫 1936 年出生在以色列沿海城市特拉维夫。其父瓦尔特原居德国，为躲避法西斯的迫害于 1935 年移居到当时处于英国统治下的巴勒斯坦。麦哈夫从小立志为以色列建国而奋斗，17 岁就参军。服役期满后的 1956 年，他到耶路撒冷希伯来大学学习阿拉伯语和伊斯兰历史。1961 年毕业后，他加入情报部门，在以色列国内外任职，主要从事阿拉伯国家和伊朗的情报收集和研究，很快被圈内人称为中东问题专家。1983 年，他奉调到外交部，被派到黎巴嫩担任以色列使团长，开始从幕后走上前台。1985 年，他被派往香港，担负起"敲开中国外交大门"的重任，从而使其一生达到辉煌的顶点。

以色列于 1948 年 5 月建国，一直希望同中国建立外交关系。为此，以色列于 1973 年在香港设立总领事馆，进行多方试探。两年后，试探一无所获，总领事馆暂时关闭。随着中东局势有所缓和以及香港回归中国的日子逼近，以色列政府认为实现两国关系正常化的可能性增加，遂于 1985 年恢复这个总领事馆，并选定"富有创造性外交能力"的麦哈夫担任总领事。

时任政府总理的西蒙·佩雷斯交给麦哈夫的使命是，"立足香港，敲开中国外交之门"。如何敲开？麦哈夫决定在正式上任前先去香港考察一番。他广泛接触香港各色人士，得出的结论是：中国改革开放，致力现代化，急需高科技支撑。以科技促政治，以民间促官方，是以色列打开同中国关系的"极好切入点"。他这一看法得到"上峰"的赞赏。

　　1985年底，麦哈夫以大使头衔正式就任总领事，并根据其姓名的谐音取了个中文名字"麦宇仁"。他后来回忆说，到港之后，他牢记自己的使命，抓住每一个有助于打开中国外交之门的机会做工作。同时，他也提醒自己，同中国打交道要有耐心，时机只能争取而不能强求。在总领馆开馆的记者会上，他说："世界上历史悠久的犹太民族与中华民族，从未发生过冲突。我们坐在一起，桌面上干干净净，没有任何反犹或反华的遗痕。以色列是世界上最早承认中国的第六个非共产党国家，并一直坚持一个中国政策。我们之间发展关系没有任何历史的和现实的障碍。"为实现两国关系正常化，他一方面向香港的新闻机构发送以色列的新闻，促使中国加深对以色列的了解；另一方面，他想方设法接触中国内地派驻香港的人士和机构，同时任新华社香港分社副社长的李储文很快建立起经常性联系。

　　经过三年的努力，到1988年9月，麦宇仁终于取得他后来所说的"突破性进展"。他同新华社香港分社达成口头协议，拿到秘密访华的非官方签证。他后来就此解释说，中方给他十天期限的另纸签证，准许他以"旅游团"的名义到北京，由中国国际旅行社接待，中国外交部官员不出面。其实，他这个"旅游团"是个"一人团"，他既是团长又是团员。他后来回忆说："说实话，中方给出的条件够苛刻了。但是，在当时，只要能进入中国内地，任何条件我都能接受。"他表示，他理解中国在同以色列发展关系上所持的十分谨慎的态度。

经请示国内批准，麦宇仁当即前往向往已久的北京。出发前，新华社香港分社给他提供了在北京活动的联系人和电话号码。到京后，他先是在旅行社导游的陪同下游览一天。之后，他就甩开导游，按照自己的计划，同有关人员一一联系。四天之内，他会晤了旅游局、科学院和经贸、农业、科技等部门的不少人士。他向他们出示了以色列科学院发给他的文传，授权他邀请中方人士访问以色列。中方的回应总体上来说是积极的。这使他感到，"第一粒友好与合作的种子已经撒播，迟早会开花"。

9月11日，恰值犹太历新年。麦宇仁对完成首次中国之行的预定任务兴奋不已，从北京给佩雷斯挂了一个长途电话，给这位一直关注着以中关系发展的工党领袖兼政府总理"一个意外的惊喜"。然后，他才真正成为旅游者，飞往久已向往的西安和桂林痛快地游览了四五天。回到香港，他以最快的速度给国内撰写了访华报告，提出今后同中国发展关系的具体建议。报告受到国内的高度重视。不久，他就奉调回国，被任命为外交部总司长，成为外交部的第二号人物，继续筹划进一步打开中国外交大门的问题。

据曾任以色列科学院秘书的梅尔·扎多克回忆，麦宇仁几次对他说，中国人非常重视以色列的科学技术，如果当年打开中美关系靠乒乓球的话，现今打开以中关系则需要科技外交。1989年5月，以色列科学院派遣一个三人小组前往中国，同中国科学家以及科学管理部门进行了广泛会见。

正是在这个时候，美国的一个犹太人社团邀请新华社钱文荣和高秋福以记者身份访问一向被视为"政治外交禁地"的以色列。到耶路撒冷后，钱文荣和高秋福发现出面接待他们的却是以色列外交部，宴请的则是麦宇仁。麦宇仁高高的身材，有点粗壮，但彬彬有礼，文气十足。他头发灰白，前额宽阔，淡淡的眉毛下闪烁着一双明亮的眼睛。鉴于两国没有外交关系，又是初次见面，宾主双方均有点拘束。麦宇仁称钱和高是"正式访问以色列的第一批中国官员"。钱文荣和高秋福则声明自己是记者，不是官员。这时，大家都会心地笑起来，气氛开始有所缓和。麦宇仁开门见山，直言道：以色列的大门始终向中国敞开着。中国的大门虽然一直向以色列关闭，但令人欣喜的是，"近来却打开了一条细缝"。为使双方的大门向对方彻底打开，最需要做的事情是增进彼此的了解，需要媒体多做工作。他表示："你们想去什么地方、想见什么人，尽管提出，我们尽力安排。"这样，在为期一周的访问中，两位新华社的记者不但参观很多地方，还见到了包括总理沙米尔、副总理佩雷斯、外交部长阿伦斯等在内的诸多以色列高官。他们深深感到，麦宇仁说话是算数的，值得信赖的。

自从麦宇仁离开香港后，中以两国的官方接触点就转到纽约。1989年11月，他飞往纽约会见中国常驻联合国代表，就以色列在北京建立科学及人文科学院联络处和中国在特拉维夫建立旅游办事处达成协议。次年4月，作为"准大使馆"的以方联络处在北京挂牌，不久就促成100来名以色列科学家先后访华和50多名中国科学家访问以色列。这年的10月，麦宇仁再次飞到纽约，在向中方通报以色列同巴勒斯坦和平谈判情况的同时，提出以色列要向北京联络处派遣一位资深外交官做顾问。中方慨然表示同意。麦宇仁认为，这预示着两国关系将有重大进展，因为双方都明白，这位顾问实际上就是"候任大使"。两个月后，新华社记者正式应以色列外交部邀请来到耶路撒冷，出面接待并主持谈话的还是麦宇仁。他兴奋地说，两国关系发展的势头很好，双方均在对方的首都设立常驻机构。这种机构正从民间向官方过渡，"两国关系正在升级"。但是，他认为，两国关系发展的步子还不够大，建议实现外交官互访，加强媒体交流，互派文艺团体演出。他特别强调，这不是他个人的意见，而是以色列外交部的考虑，希望新华社向中国当局反映。他对新华社的重视和信赖，令人感动。

1991年3月下旬，麦宇仁再次秘密访华。与上次不同的是，这次是应中国外交部的正式邀请，以官方身份来访，探讨两国间的政治问题。他不无自豪地说，在两国的交流历史上，他是应中国政府邀请正式访华的第一位以色列官员。他同中国外交部高官举行了"谨慎而卓有成效的会谈"，"打开了两国政治交流和官方互访的大门，把两国关系大大提升了一步"。据主持会谈的中方代表、外交部亚非司司长王昌义讲，麦宇仁在告别宴会上动情地说，他本人和在座的以方同事均是以色列"中国俱乐部"成员，都把加强以中关系作为毕生的事业。他期望以中两国国旗不久能在特拉维夫和北京上空飘扬。

1991年11月，在中以关系正常化即将实现前夕，新华社记者高秋福应邀再次访问以色列。但这次出面接待的不是麦宇仁，而是新任总司长哈达斯先生。他到哪里去了？传言他同新任外交部长戴维·利维意见不和，一气之下，就挂冠而去。《耶路撒冷邮报》为此发表评论说，随着他的离去，"一颗富于创造性的头脑就从外交部消失了"。他的不少同事为此感到惋惜。麦宇仁后来的解释是，他本想把以中两国关系正常化的事情做到底，但是，在外交部实在难以呆下去，为了个人的尊严，不得不愤然离开。他说这番话时，语调低沉，眼里闪现泪光。

上个世纪末，他退休之后先是从事中东问题研究，后来被推举为世界犹太人向德国索赔大会的执行委员会主席。第二次世界大战期间，他的祖父和外祖母因无钱购买离境证，先后被杀害在德国法西斯集中营。他以自己的身世和威望，热心和能力，为几百万大屠杀死难者讨回公道而四处奔走。但是，无论多么忙，他也从未忘掉他曾为之奋斗的以中友好事业。从2002年1月中以建交10周年起，他多次访华，宣讲以中友好合作的意义，探访中国的老朋友。2011年7月，他在北京告诉老朋友高秋福，他在撰写以中两国建交历程的回忆录，为深入研究两国友好关系留下一份翔实的记录。

以色列的对华友好人士于1996年建立以色列—中国关系促进会，推举现任总统佩雷斯为荣誉会长。麦宇仁说，他在以中两国建交前所说的以色列"中国俱乐部"从此终于成形。作为这个促进会或俱乐部的核心成员之一，他多次表示，他和他的同事们将密切关注中国的发展和进步，一定使两国和两国人民之间的友好与合作继续下去。

高秋福

（新华社原副社长）

历时 24 分钟的通讯社审批

新华社筹划在以色列建立分社，多年未能实现。而随着中以两国关系走向正常化，建立分社的申请不到半小时就获得以色列政府批准，分社不到一个月就建立起来。其间有努力，有周折，更有友情，迄今仍觉得耐人回味。

日臻成熟的国际环境

中东地区一直是国际政治斗争的一个热点，而热点中的热点又是巴勒斯坦问题。1947 年 11 月 29 日，联合国大会通过决议，在巴勒斯坦地区分别建立犹太和阿拉伯两个国家。对这一分治方案，犹太人表示接受，而阿拉伯人则予以拒绝，从此埋下了阿以双方长期冲突的种子。1948 年 5 月 14 日，犹太人宣布建立以色列国。翌日，阿拉伯国家同以色列之间的战争爆发。在此后的 30 年中，阿以之间先后发生四次较大规模的战争。在这些战争中，中国一直站在阿拉伯国家一边，反对以色列的侵略和扩张。中国同一系列阿拉伯国家先后建立外交关系，而同以色列则没有任何来往。新华社在几乎所有的阿拉伯国家都建立分社，而在以色列创建分社问题则长期没有考虑。因此，对以色列的报道，一直由北京的总社和设在开罗与安曼的两个分社负责，并且总是一片谴责、声讨之词。1979 年 3 月，埃及作为阿拉伯国家联盟的"盟主"单独同以色列媾和，从而启动了艰难而漫长的中东和平进程。1988 年 10 月，以阿拉法特为主席的巴勒斯坦解放组织发表《关于建立独立国家的文件》，在宣布建立巴勒斯坦国的同时，也宣布"不追求取消以色列，而是追求与它在睦邻关系范围内的和平共处"。这样，阿以矛盾和巴以矛盾的缓和，给我国调整中东政策提供了一个好机会。从1987年9月开始，中以两国开始正式接触，就两国关系的发展进行磋商。在这种情况下，新华社对阿以冲突的报道开始有所调整，谴责"以色列犹太复国主义"的提法减少。同时，从总社到有关分社，开始酝酿派记者前往以色列采访问题。

1987年，安曼分社记者芮英杰提出建议，通过巴勒斯坦解放组织的关系从约旦进入以色列占领下的巴勒斯坦地区进行采访。中东总分社就此向总社呈送了报告。报告经过层层审议，得到中央的批准。但是，正当记者要行动的时候，我驻约旦大使馆提出，巴勒斯坦人民在以色列占领区展开起义，记者前去可能会遇到困难，甚至意外。这样，新华社记者前往被占领土采访的计划就延宕下来。1988年，被占领土上巴勒斯坦人民的起义斗争成为全世界新闻媒体关注的焦点。担任中东总分社社长的穆广仁再次向总社提出到被占领土采访的计划。总社批准了这个计划，但强调"不得同以色列官方接触"。这年10月，穆广仁同安曼分社记者符卫健办了个"旅游"通行证，从约旦进入以色列占领下的约旦河西岸。以色列外交部得悉新华社记者来访，认为这是同中国新闻界直接接触的天赐良机，打算介入穆、符两人的活动，但被他们婉拒。他们除采访巴勒斯坦人士外，私下也接触到一些以色列人。此外，他们在耶路撒冷的阿拉伯新闻界物色了一位报道员，要求他就巴勒斯坦人民的斗争情况用阿拉伯文每天向设在开罗的新华社中东总分社发稿。这是新华社历史上首次在巴勒斯坦地区建立自己的新闻来源。

新华社记者钱文荣和
本文作者（左）1989
年5月采访佩雷斯

记者应邀正式访问以色列

　　1989年2月中旬，我奉命到开罗接替穆广仁担任中东总
分社社长。赴任之前，我在向总社领导请示工作时提出，拟寻
找适当时机派遣记者到以色列采访，并视情况探讨在那里建立
分社的可能性。总社领导对此表示赞同，但鉴于整个问题的敏
感性，要我"届时务必先报总社批准"。万没有料到的是，到
任仅仅一个半月的3月底，我就接到总社的通知，要我立即
做好访问以色列的准备工作。我知道，以色列一向被我们视为
"政治禁地"。到这样一个地方去访问，是一个重大政治行动。
这样的行动决非新华社自己能决定。但是，在当时情况下，我
觉得只能心会，而不便启齿多问。事后得知，这是新华社提出，
经商主管部门，得到中央批准的。访问的目的是了解以色列政
治、经济、社会等各方面的情况，了解以色列在发展对华关系
方面的意图和考虑。总社要求，访问期间可接触以色列各方面
人士，但要"多问少说，行程保密"。在做准备期间，我向总

社请示，拟趁机了解和探讨在以色列建立分社的可能性。总社回电，表示原则同意，但强调"只能相机行事"。5月10日，我从开罗飞赴以色列，同先期从纽约赶来的新华社联合国分社社长钱文荣会合，开始为期10天的犹太国之旅。

这是新华社，也是整个中国新闻界首次派遣记者正式访问以色列。接待我们的原说是美国纽约的犹太人社团关系理事会，但到达后却发现是以色列外交部。这样，保密就不可能了。我们到达的当天，不少当地的记者就找上门来要求采访，我们婉拒了。根据主人的安排，我们采访了以色列副总理兼财政部长西蒙·佩雷斯、外交部长摩西·阿伦斯以及议会、外交部、工贸部的高级官员，还会见了以色列各大媒体的负责人。我们见到的所有以色列人士都希望中国同以色列建立正常关系。佩雷斯和阿伦斯甚至表示，以色列方面没有任何障碍，只要中国同意，"几分钟之内两国即可建交"。对这些情况，我在访问结束后迅即向国内如实作了报告。同时，我还就阿拉伯国家对中以改善关系的反应发回一份报告。我知道，对同以色列改善关系问题，国内最担心引起阿拉伯国家的不满和反对。但是，实际情况是，随着整个国际形势的发展和中东和平进程的演进，阿拉伯国家对其他国家同以色列发展关系已不那么介意。我们这次访问以色列，埃及的中东通讯社和叙利亚电台都作了报道，埃及的一些朋友和在开罗的一些阿拉伯国家的外交官也都注意到了，但反应均很平和。住在开罗的一位巴勒斯坦解放组织高级官员对我说，中国同以色列改善关系，这很正常。中国如果同以色列建交，可以在中东和平进程中发挥更大作用，对巴勒斯坦人民的解放事业是有利的。我认为，这些反应对国内决策是有参考价值的。

一份重要的专题报告

以色列外交部直接出面接待我们的是总司长麦宇仁。麦宇仁曾任以色列驻香港总领事，曾以私人身份秘密访华，探索改善以中两国关系的途径。他对中国的中东政策和新华社的情况相当了解。当我们提出新华社在以色列建立分社的可能性时，他当即表示，非常欢迎新华社派代表到以色列常驻。他说，新华社在以色列建立分社，以色列外交部和其他有关方面将提供一切必要的方便。他希望，通过新华社派驻记者，进一步促进两国人民之间的相互了解，促进两国关系早日实现正常化。同时，他也提醒我们，有两个问题需要事先讲清楚。一是报道问题。他说，以色列倡导新闻自由，外交部和其他政府部门都不干涉外国记者的新闻报道活动。但是，以色列又是处于战争状态的国家。因此，凡涉及政府和军事当局没有公开的军事行动的报道，稿件在发出前需要送交有关军事部门审查。否则，泄漏军事机密要追查记者的责任。二是建分社的对等问题。他说，以色列允许新华社在以色列建分社，但出于对等原则，中国也应允许以色列新闻机构向中国派遣常驻记者。麦宇仁就此进一步向我们解释说，以色列方面提出这个问题，只是出于外交对等的考虑。换句话说，这只是"作为一个理论问题提出，一时是不会付诸实践的"，因为目前还没有任何一家以色列新闻机构想向中国派遣常驻记者。

我们表示，新华社是希望在以色列建立分社的。我们的记者如到以色列，当然要遵守以色列对所有外国记者都适用的规定。至于以色列向中国派驻记者问题，那不是我们新华社权限范围之内的事情，希望以色列方面通过适当途径向主管此事的中国外交部新闻司提出。但是，可以肯定的是，只要以色列派遣记者到中国，新华社一定提供力所能及的帮助。

从以色列返归开罗之后，我就建分社问题于 5 月 28 日向总社发回一份专题报告。我在报告中说，以色列出于政治、外交和其他方面的需要，急于同中国发展正常关系。以方把新华社在那里建立分社视为两国关系正常化的一个重要步骤，并答允给予必要的帮助。以色列作为中东地区的一个重要国家，阿以冲突的一方，是个出新闻的地方。而且，那里新闻事业发达，通讯条件优越，我记者去后有充分的活动余地。因此，我建议：一、无论从两国关系发展的需要还是从新华社报道工作的需要出发，我认为都应该在那里建立分社，并且越快越好。二、分社应建在耶路撒冷。耶路撒冷是以色列和阿拉伯方面有争议的一个城市。国际上公认的以色列首都是特拉维夫，各国驻以色列大使馆都设在那里。但是，以色列的主要政府机构、议会和政府新闻局都设在耶路撒冷。新华社不是外交机构，建分社不必过多考虑外交问题，而主要应从新闻工作的需要出发。三、对以色列方面提出的对等问题，一应尊重对方的要求，二应相信麦宇仁所说的话。我们通过多方了解得到证实，以色列方面确实只是想得到"一个权利对等"的承诺，并没有向北京派遣常驻记者的计划。这点，希望向有关方面说清楚，不必担心以色列向北京派驻记者可能干扰两国关系的正常发展问题。

报告发回总社后一直没有回音。我猜测，总社可能认为时机尚不成熟，步子不宜迈得太大，因而采取"徐图之"的策略将问题拖下来。但后来得悉，事情并非如此。总社对我提出的建议作了认真的研究，并于 9 月中旬正式向上呈送报告，提出于 1990 年在耶路撒冷建立分社的计划。主管部门征询有关部门的意见后，原则批准了这项报告，只是要求把建分社的时间"推迟一点"。推迟的原因，后来了解到，主要是出于这样一个考虑：中以两国外交部长早些时候达成协议，为推动两国关系的发展，中国在以色列设立中国国际旅行社总社驻特拉维夫办事处，以色列在中国设立以色列科学及人文科学院驻北京联络处。而我国旅办事处首批人员已于9月中旬抵达以色列。有关方面认为，新华社分社的建立应同该办事处的建立拉开一定的距离。但推迟到什么时候，主管部门的批示则没有明确。这样，建分社问题一时间就遥遥无期了。

"步子还不够大"

我们不急，而以色列方面却很急。从1989年9月起，以色列外交部通过其驻埃及大使馆几次邀请我们再次去访问。我们则一拖再拖，直到1990年12月，经总社批准，我同总分社编辑水均益才第二次访问以色列。此时，伊拉克入侵科威特已经4个多月，美国及其西方盟国正在调兵遣将，海湾战争随时有爆发的危险。因此，这次到以色列，一是了解以色列方面对海湾危机的看法和评估，二是了解在新的形势下以色列对进一步发展同中国关系的看法和打算。就第一个问题，我们采访了已经离开以色列联合政府、以温和派著称的工党领导人佩雷斯，已由外交部长改任国防部长的阿伦斯，曾任国防部长、当时任住房部长的著名鹰派将军阿里尔·沙龙。就第二个问题，我们又同以色列外交部总司长麦宇仁单独举行了会见。

麦宇仁在同我们会见时说，过去一年多时间，两国关系发展很好，两国分别在对方首都设立了办事机构，两个办事机构最近又受权代发签证，开始从民间机构向官方机构过渡，说明"两国关系正在逐步升级"。对这一切，以色列方面是满意的。但是，他认为，两国关系发展的步子还不够大，"一些顺理成章的步子应尽早迈出去"。他提出，在今后半年时间里，以色列方面对进一步推动两国关系发展有几点意见，其中第一条就是希望新华社尽快在以色列建立分社。他重申，以色列外交部将为新华社建立分社提供一切必要的方便。以色列在这方面只是提出对等的要求，并不打算立即实现。麦宇仁强调，这些并非他个人的看法，而是以色列外交部的考虑。他说："我们知道新华社在中国的地位和影响。我希望你们把我们的想法传达到中国各个阶层的读者。" 麦宇仁说完"各个阶层的读者"之后，可能担心我不理解他的真意，紧接着又补充一句："包括最高层的读者。"

通过麦宇仁的谈话，我感到以色列对新华社确实比较了解，也确实非常重视新华社在促进两国关系发展方面所起的作用。因此，在对新华社在以色列建立分社问题上，他们的立场有所变化，看来在尽力为我分社的早日建立创造必要的条件。

这次以色列之行，我们还采访了两位著名的巴勒斯坦人士。一位是居住在东耶路撒冷的阿拉伯研究中心主任费萨尔·侯赛尼，另一位是古城伯利恒市市长埃利亚斯·弗雷杰。

本文作者（左）和水均益1990年12月采访沙龙

侯赛尼是穆斯林，公开身份是学者，实际上是巴勒斯坦解放组织和阿拉法特主席在被占领土的代表。弗雷杰是基督教徒，是在约旦河西岸市政选举中当选的市长，也是巴勒斯坦解放组织的积极支持者。在 1994 年巴勒斯坦民族权力机构成立时，他们两人都被任命为内阁部长。在接受采访时，他们尽管身份、处境和宗教信仰不同，但都对中国同以色列发展正常的国家关系表示理解。侯赛尼特别指出："如果是过去，我们会把中国同以色列发展关系看成是'对阿拉伯和巴勒斯坦事业的叛卖'；而现在，形势变化，时代发展，巴勒斯坦解放组织也在设法同以色列打交道，寻求中东问题的和平解决。中国同以色列建立正常的国家关系，便于对它施加影响。这对我们的事业实际上是一种支持。"我觉得，他们对中以关系正常化的看法，代表了新形势下巴勒斯坦人民和其他阿拉伯人民的基本态度。我们的种种担心看来是没有必要的。

采访结束后，我们将采访的收获分别写成"以色列高级官员对海湾危机的看法"、"以色列外交部关于进一步发展以中两国关系的考虑"、"巴勒斯坦人士对中以关系正常化的反应"等三个报告发回总社。据有关人士后来告，这些情况很重要，对处理中国同以色列的关系很有参考价值。但是，关于在以色列建立分社问题，总社仍然没有作出任何反应。

创建分社的时机渐趋成熟

1991 年初，海湾战争结束，中东和平进程再次成为国际社会关注的焦点。经过有关各方的艰苦努力，中东国际和平会议于 10 月份在马德里召开。在此前后，苏联和一系列东欧国家同以色列恢复了中断 20 多年的外交关系。这在客观上推动了中国同以色列关系正常化的进程。中东和会之后，以色列外交部代表团访华。我外交部发言人在答记者问时公开确认了此事。这是我方首次正式公开承认中以两国之间在北京有政府间的"官方接触"。以色列报纸将此举称为"两国关系中近几个月来迈出的最重要的一步"，"预示两国关系正常化只是时间问题了"。

看到这种新的形势，我是又高兴又着急。高兴的是中以两国关系正常化即将实现；着急的是必须在两国建交之前把分社在以色列建立起来。为此，我又向总社打报告，要求第三次访问以色列，具体讨论建立分社事宜。说起来也是凑巧，就在这个时候，总社已向主管部门重提在以色列尽快建立分社问题，并很快就得到批准。这样，总社就很快批复了我的报告，同意我同总分社副总编辑周则鑫于从 11 月 27 日到 12 月 4 日访问以色列。

抵达以色列后，我们首先采访了外交部长戴维·利维。利维坦率地表示，他所属的利库德集团同在野的工党有矛盾，而在利库德集团内部，他同总理沙米尔也有矛盾。但是，他强调："我确信，在同中国建交问题上，利库德集团同工党，我同沙米尔总理，是没有矛盾的。以中两国建交之日，我一定亲自去北京签字。"

随后，以色列外交部又安排我们采访了沙米尔总理。沙米尔说，犹太民族和中华民族是世界上两个伟大的、历史悠久的民族。这两个民族应该有正常的交往。中国是世界上最重要的国家之一，拥有巨大的潜力。因此，以色列对同中国建立友好关系很有兴趣。他还说："以中关系正常化符合两国人民的根本利益，希望新华社记者向中国领导人代为转达这一看法。"谈到两国关系正常化的时间问题，沙米尔说："你们很清楚，我们方面没有任何问题。这完全由中国政府来决定。我们只是

沙米尔总理在以中建交
前夕会见新华社记者

希望两国尽快建立外交关系。"

　　沙米尔的谈话就以中两国关系问题传达了一个正式而明确
的信息。我们听后感到很高兴，急忙赶回下榻的饭店，首先用
英文和中文向总社发稿。随后，我们又把沙米尔和利维有关两
国关系的谈话内容综合成一篇报告，也径直发回北京，供有关
方面参阅。

　　眼看中国同以色列建交，新华社在以色列建立分社问题再
也不能拖延。在这次访问期间，我们同以色列外交部和政府新
闻局就此进行了详尽而具体的讨论。以色列外交部副总司长叶
加尔对新华社在增进两国人民之间的了解方面所起的作用给
予高度评价。他说："在过去的近三年中，新华社在促进两国
关系的正常化方面发挥了积极而重要的纽带作用，桥梁作用。
你们是两国关系正常化的开路先锋。我们非常感谢你们。你们
到以色列建立代表机构是顺理成章的事，我们表示欢迎，并愿
意提供一切帮助。"叶加尔在谈话中始终没有提"对等"问题。
我想，这不是他的疏忽。在两国关系发展到这种地步的时候，

看来再提这个问题已经完全没有必要了。

建立分社的具体事宜，我们是同主管外国记者事务的以色列政府新闻局讨论的。新闻局长约希·奥尔默特博士告诉我们，耶路撒冷是世界上最大的新闻中心之一。这里有来自世界各国近二百家新闻机构的几百名代表。他说："在世界上有影响的新闻机构中，就差你们新华社一家的代表了。绿灯早已打开，请你们快点来，越快越好。这里没有什么繁杂的手续，也没有什么官僚主义的繁文缛节。只要你们总社或总分社给我来个电报或文传，说明理由和拟派人数，我批个字就成了。不必经过外交部或其他什么机构。"他说话这样爽快，出乎我们意料。我感到，随着中以两国关系正常化步伐的加快，新华社在以色列创建分社的一切先决条件和障碍都已不复存在。现在，只等我们迈出那最后的一步了。

在这里需要特别提到的是，奥尔默特博士出身名门望族，父亲是以色列首届议会的议员，三个哥哥分别在军界、政界和商界高层服务，有权、有钱、有势。他家有一个"中国情结"：上个世纪的 40 年代之前，他父母曾在中国的哈尔滨居住，爷爷和奶奶死后埋葬在那里。他告诉我们："中国一直是我们一家人谈论的话题。我没有到过中国，但中国一直在我心中。我见到你们，觉得格外亲切。"他这一番话，把我们之间的距离一下子拉近了。这也许是新华社在以色列建立分社非常顺利的原因之一吧。

分社终于在两国建交前夕建立

从以色列一回到开罗，我们立即将考察建立耶路撒冷分社的情况和建议报告总社。12 月 24 日，总社给我发来穆青社长就建立耶路撒冷分社问题致奥尔默特局长的一封信。我当即请周则鑫同志将信译成英文，文传给奥尔默特博士。三个小时之后，奥尔默特博士给我打来电话说："我刚从外边回到办公室，看到来函。非常欢迎新华社来耶路撒冷建立分社。以色列新闻局愿提供一切方便。我先给你打个电话表示口头同意，半个小时之后，你就会收到正式的书面答复。"果然，时间只过了24分钟，他就来函正式表示，同意新华社在耶路撒冷建立分社，并向新闻界公布了这一消息。这样，探讨、筹划了好几年的事情，在20多分钟内就顺利解决了。

新华社在耶路撒冷创建分社的手续问题解决了。但是，谁去具体完成这一任务呢？我三番五次催问总社，回答总是"尚未找到合适人选"。于是，我毛遂自荐，但总社不同意。眼看两国建交的日子临近，不能再等下去。我同总分社几位负责人一起商议，决定向总社推荐总分社管辖下的德黑兰分社首席记者李红旗。一个电话打回去，总社当即表示同意，并说"将尽快完成一切必要的手续"。

按照规定，我先将李红旗的简历发给奥尔默特博士。考虑到以色列对伊朗特别敏感，简历中没有提及他现在德黑兰分社任职一节。奥尔默特博士随即来电话，对李红旗出任分社首席记者表示欢迎。1992年1月15日，李红旗来到开罗，除作必要的赴任准备之外，我同他一起起草了一个今后对以色列的报道方针。考虑到整个中东地区形势的变化和中国同以色列即将建交，新华社对以色列的报道方针需要作较大调整。我们拟出的新方针强调，今后对以色列报道应更加客观、全面、公正：继续支持巴勒斯坦人民为维护民族权利和建立独立国家而进行的斗争，批评以色列侵占阿拉伯土地和无视巴勒斯坦人民的民族权利，但批评要注意掌握分寸，不使用有伤犹太民族感情

的词句；支持巴勒斯坦和其他阿拉伯国家为收复失地、实现中东和平而作出的努力，有选择地报道以色列官方和政党关于中东和平进程的积极言论和行动；适当报道以色列经济、科技、文化的发展情况，特别是那些可资我借鉴的东西。我们将拟好的报道方针报送总社，总社很快就批复同意。

根据中以双方共同商定的安排，以色列副总理兼外交部长利维定于 1992 年 1 月 21 日应邀访问中国，在北京同中国国务委员兼外交部长钱其琛一起签署两国建交公报。因此，李红旗于 1 月 18 日匆匆前往以色列，赶在利维赴北京之前对他进行专访。1 月 20 日，在奥尔默特局长的帮助下，李红旗于利维登机前在机场对他进行了采访。翌日，奥尔默特局长接受新华社对李红旗的委任状，协助李红旗在半小时内就办理了记者证。这一切手续完毕，就标志新华社耶路撒冷分社正式建立起来。

从新中国 1949 年成立起，经过 40 多年艰苦曲折的历程，中以两国终于在 1992 年 1 月 24 日如期签署建交公报，两国关系史从此揭开了崭新的一页。随同利维外长访华的以色列外交部的几位高级官员后来回顾往事，均赞扬新华社在增进两国人民相互了解、促进两国关系正常化方面作出的贡献，称新华社记者是"促进两国关系发展的先驱"。

1992 年 3 月初，我接到总社要我回国工作的调令。在向埃及和其他阿拉伯国家的朋友们辞行的同时，我也向在过去三年中密切合作的以色列驻埃及大使馆的朋友们告别。没有料到的是，以色列大使馆将我奉调回国的消息报到耶路撒冷。因此，我很快就接到奥尔默特局长的电话，他坚持要我"也要向以色列辞行"。他不无幽默地说："你是新华社中东地区总分社社长，主管的是整个这一地区，不能只向开罗的阿拉伯人辞行，而不向耶路撒冷的犹太人告别。请你讲求公正，回国前务必再来以色列一趟，哪怕是一天也行。"打过电话的第二天，他又正式发来一封邀请函。我感到盛情难却，经总社批准，在离开开罗之前，又到以色列访问三天。访问期间，奥尔默特博士热情地为我设宴送行。我则代表新华社邀请他在适当的时候专程访华。他高兴地接受了邀请，并于次年成行。临别时，他指着李红旗对我说："你尽可放心，我们会把李先生照顾好的。他有事可随时找我。我办公室的大门永远是向新华社记者敞开的。"

奥尔默特博士及其继任者，还有以色列外交部和其他一些部门的朋友，的确给予新华社诸多帮助。因此，新建立的耶路撒冷分社根据总社"边抓报道边抓建设"的指示，很快就走上正常运作的轨道。

高秋福

（新华社原副社长）

合作篇

The Jewish Refugees Settlements in HongKou

一个水利工程师的回忆

在 2014 年 1 月 24 日中国—以色列商务交流年会上，以色列驻华大使马腾先生、前驻华大使馆公使衔农业科技参赞欧慕然教授和我谈到了国家外国专家局、中国国际人才交流协会在中国与以色列建交前的往事，以及外专局所属的企业单位在两国之间开展的种种学术和科技交流活动。我不禁追溯往事，那些合作、那些友情、那些持续至今的发展历历在目：

必须提到的一个机构是中国华阳，这是 1984 年组建的国家中央一级大公司，以引进国外智力即专业人才和先进技术为主要任务，公司成员均为来自国家各部委、科研院所和大学的科学家、工程师和教授。它是国家外国专家局开展国际科技合作与技术贸易的引进国外智力平台之一，在 1984-1992 年隶属于原"中央引进国外智力领导小组办公室"，1989 年改制后由原"国务院引进国外智力领导小组办公室"领导。引进以色列人才和技术为公司的重点工作之一。后来为执行此项任务专门成立了中国华泰公司并在香港设立分支机构，由"中引办"领导组织和协调有关活动，从此形成一条经由香港连接以色列和中国大陆的秘密经贸和技术交流通道。中国华阳公司和中国华泰公司担负着以贸易为掩护，执行国家外国专家局和原"中引办"、"国引办"对以色列和其他特殊国别开展科技交流活动和引进智力工作的任务。作为在外专局工作和在中国华阳公司工作的项目执行者，当时我亲历并直接参与了这些工作。

在国家外国专家局的领导下，中国华阳技术贸易总公司从 1984 年起，成功地与 60 多家以色列科研机构、政府社团、协会和公司从事技术交流和建立贸易联系。这种联系的建立，不仅成为将以色列工业和农业的先进技术引进到中国的桥梁和窗口，而且还成为中以两国科学家之间在先进的科学与技术方面进行学术交流与合作的基础。当时隶属于国家外国专家局（中引办、国引办）的中国华阳技术贸易总公司及其中国华泰公司成为中国改革和开放以来，第一个与以色列进行经济和技术合作的公司。从 1985 年至 1992 年中以建交华阳公司共邀请了 200 多名以色列高层次科学家和著名厂商来华，就先进科学与技术的交流与合作访问了中国；同时还派出了 600 多名中国专家和技术人员、管理人员到以色列，从事培训和学术、科技交流活动。所有这些活动都为中以建立正式外交关系打下了良好的基础。

在中以建交之前来华进行学术和科技交流活动的众多以色列著名专家中，我讲述其中几位专家的来华经历和他们对延续至今的中以科技交流所作的积极贡献，谨以此作为对所有从事中以友好合作和交流活动的朋友们的怀念和感谢。

波哈雷斯教授的农业和农村发展理论

如果说中美建立外交关系始于打破坚冰的"乒乓外交"，那么中以建立外交关系是以水为媒，破冰之举是"水务合作"。在中国和以色列的关系发展过程中，水以及与水资源息息相关的农业，或者统称为绿色产业，自始至终就是一出重头戏。有关的技术交流和商贸合作活动，贯穿于不同渠道，渗透到各种领域，成为推动两国关系由原来的隔绝状态走向正常化的重要助力。执行这方面任务的人员，与其他许多行业、许多专长的人士一样，是两国建交的耕耘者和浇灌者。秘密渠道的建立是 1985 年 5 月的晚春时节，中国华阳技术贸易公司接受"中引办"

佩雷斯和波哈雷斯教授

指示，准备接待从以色列来的一个九人高级经济技术代表团，任务是探讨中以双方商贸实业界开展经济技术合作的可能性。代表团的成员均来自以色列一些著名企业和机构的管理高层，代表团团长波哈雷斯（Samuel Pohoryles）教授是以色列农业部农村规划与发展局长，成员是塔迪兰（新型电池）、赛特斯（电子）、欧玛特（新型能源）、科尔贸易等公司的董事长或总经理。

　　波哈雷斯教授 1928 年生于波兰，自幼在波兰上学，后就任该国一座重要城市的经济主管。他曾多次出访前苏联的一些知名城市如莫斯科和列宁格勒。由于当时世界两大阵营对峙，他能到之处仅限于原苏联东欧集团地区。当年他申请移民以色列，没有获得波兰当局的离境批准，后来多亏波兰总理亲自过问，1958 年才最终得以离开波兰进入以色列。到以色列之后，他一直在农业部从事农业经济研究和农村计划发展工作，先后与 11 位农业部长共事，算是以色列农业和农村经济领域的元老之一。沙龙任农业部长期间，波哈雷斯教授出任农村计划和发展局长直至 1993 年。同时，波哈雷斯教授还在特拉维夫大学和希伯来大学任教，是多家国际农业合作机构以及项目的以色列方面负责人，获得过多项科学荣誉和奖项。自 1996 年起，波哈雷斯教授参加了西蒙·佩雷斯和平协会，负责以色列与阿拉伯国家合作局的工作，并于 2000 年出任协会的副总裁。

中国华阳与波哈雷斯教授的业务洽谈友好而富于成效，最终签订了共同协议，商定将就更广泛的经贸课题进一步接触，内容涵盖农业、电子通讯、化工、能源等等。波哈雷斯教授后来在自传中回忆起这段经历，说当时整个接待过程采取了严格的保密措施，既是出于外交方面的考虑，也是为了来访者的人身安全。

代表团在华期间，包括波哈雷斯教授在内的众多以色列贵客，与中国有关方面会晤，他们介绍了世界范围的缺水与干旱状况，以及以色列的滴灌技术和设备。

1986 年，波哈雷斯教授又作为香港泰东公司（Tai Dong Co.）和美国圣迭哥州立大学 (American San Diego State University) 技术合作代表团团长再次率团访华，进行水利方面的科技交流，考察了中国西北干旱和半干旱地区后，他向中国国务院提交了他们的《甘肃省武威地区水利和灌溉系统调整的评估报告》。1987 年底，中方一个高级经济技术代表团回访以色列，这是继 1985 年以色列代表团访问中国之后经由这条通道开展的另一项重大行动。中方的目的是要通过实地考察，直接地深入了解以色列的经济技术发展状况，为进一步的交流与合作提供扎实可靠的依据。代表团的成员均为国家农村和农业机构的经济和技术专家，选择农业作为考察主题既是从需要出发，也是为了尽可能降低问题的敏感性。为了保密，当时代表团借用香港泰东商行的旗号，成员均以该公司顾问或职员的身份出现，以色列接待方由波哈雷斯教授负责，他的公开名义是特拉维夫大学教授和科技合作代表团团长。

中央农村政策研究室杜润生主任是当时知名的中国农村改革重要决策人物之一。波哈雷斯教授将他的专著《农业和农村规划与发展导论》（英文版）一书送给杜先生，并在扉页上手书道："中国绿色革命先行者惠存"。这部著作 1992 年由全国农业区划委员会在北京译成中文并在中国林业出版社出版。杜润生主任曾计划出访以色列，可惜由于种种原因未能成行。1995 年，波哈雷斯教授应中国科学技术的最高权威管理机构"国家科学技术委员会"邀请，出席在北京举行的一次国际农业研讨会。参加会议的有来自各个不同国家的最优秀专家，主要议题是中国农业为充分满足全部人口的粮食需求所必须采取的战略发展方式。尽管实施节制生育政策，中国人口到 2030 年仍将达到约 16 亿之多。当时主管中国农业的温家宝也参加了会议。国家科委主任在讲话中谈到以色列的先进农业技术时说，中国和以色列在农业方面开展合作，对中国将十分有利。近些年，波哈雷斯又完成了他的论著《关于 2000-2030 年中国农业调整和西部开发的战略问题》。他在论著中就中国在 21 世纪如何提高农业用水效率和中以合作开发西部地区的前景等提出了建议。

阿莫斯·尤丹总裁的业绩

阿莫斯·尤丹 (Amos Yudan) 总裁是代表以色列科尔商贸

（Koor Trade Co.) 公司最早进入中国的先驱。他是首批来华也是至今最为成功的在华创业的以色列商业人士之一。在尤丹先生与中国建立联系多年之前，科尔商贸公司是以色列重要的国家企业之一，不仅在欧美发展贸易，也在非洲和拉丁美洲国家的项目上取得成功。1986 年，科尔商贸公司进入中国时，尤丹先生是公司的代表。后来，以色列驻香港总领事的代表与他商量创建一家公司，通过这家公司与中国商家建立联系，促进以色列工商界与中国公司进行贸易。以色列香港总领事采纳了这一想法。以色列方面考虑，这家公司不仅开展商贸活动，而且担当促进两国政治联系的任务。

1987 年 12 月我正在以色列农业研究组织（ARO）瓦开尼中心学习水土资源管理课程，尤丹先生告诉我香港一个高级经济技术代表团访问以色列，但是，以色列知道代表团实际来自中国大陆。尤丹总裁问我是否参加此次活动，我告诉他我没有接到参加这次活动的通知。当时中以没有外交关系，我的日程安排由中国驻埃及大使馆通知。后来，我的师友布瑞斯勒教授告诉我他参加了这次活动，他说这是继 1985 年以色列代表团访问中国之后经由这条通道开展的另一项重大行动。这正是前面提到的由波哈雷斯先生接待的那项考察活动。整个考察过程相当顺利，但到最后一刻却出了点小问题。代表团临别前夕举办的封闭告别酒会行将结束时，宴会厅大门外来了黑压压一大批西方记者，他们手提照相机、摄像机包围上来。主办方只好另开后门让代表团返回驻地，西方记者们没有获得中国—以色列接触的新闻信息。

尤丹的公司取名"嘉比高"(Copeco)，即英文合作开发公司的意思。尤丹先生被董事会任命为总经理。1987 年公司在香港注册成立并开始运作。但这一年以色列方面违反双方的有关保密承诺，我们曾经被迫中断了交往，提出了抗议。同时另一位重要人物萨尔·艾森伯格也坚决反对以色列商界多渠道与中方接触。应该说中以开始接触的历史是沿着两条渠道平行发展的：即艾森伯格主导的军事技术和波哈雷斯及后来的尤丹主导的经济和民用技术。在制造业领域，以色列工商企业和科研机构带着他们的高质量产品和先进技术，也在快速渗入中国市场。

尤丹先生最初代表的以色列工商业巨头科尔（Koor Trade Group），无疑对初期中以之间的商贸往来发挥重要作用。中国华泰技术贸易公司和科尔公司 1988 年 9 月在北京国家图书馆联合举办了一届以色列技术展示会，这在中以商贸往来仍处于密闭状态的初期是一个重大发展，将双方的商贸交流与合作推进到更高的水平。

1989 年，中国正处于从传统的计划体系到市场引导体系的过渡阶段。中国政府对国民经济采取了调整和现代化政策。由于众所周知的原因，有些国家不理解我们的政策，拒绝参加"1989 中国国际农业博览会"，并取消了来华参展和访问。

尽管如此,为了支持我们的工作,尤丹先生和以色列驻香港领事馆组织了30多家以色列公司参加了"1989中国国际农业博览会",其中以色列丹(Dan)公司的微滴灌系统和赛特斯公司的电子彩色拼版印刷系统都是尤丹总裁首先介绍给我们进行技术交流,再经过尤丹的不懈努力取得了突破性成绩。1990年北京塑料制品厂赴以色列考察以色列丹(Dan)公司微喷生产线和普拉斯托(Plastro)公司的滴灌系统滴头生产线。当1990年我与尤丹总裁在以色列签署中国—以色列第一个公开微喷生产线合同时,我们都高兴得流了泪。经过五年漫长的交流和谈判,中国结束了不能自己生产制造所需先进滴灌装置的历史。陕西省一家印刷厂的彩色拼版系统项目,由赛特斯以其领先于西欧和日本的技术而成功夺标,陕西成为中国印刷界最先采用此项世界先进技术的先行者。塔地兰公司与天津一家电池生产研究单位的接触最为深入,历时两年多的商谈富有成效,只是碍于资金未能及时到位,项目还是拖延下去了。天津的高效电池和前面提到的广西柑橘等一些商业项目最终没有取得成功,但这些工作对两国的人员技术交流、对中方了解和吸收代表世界先进水平的以色列技术起到了十分有益的推动作用。

山东青岛莱西市引进以色列技术和设备的脱水蔬菜项目是尤丹高效率工作作风的体现。1991年秋,尤丹找到我,单刀直入地说:"姚,姜春云的家乡山东青岛莱西计划实施脱水蔬菜项目,中国华泰与我们合作完成这项交钥匙工程。产品出口南韩也是你们的工作范围。"我们立即赶赴青岛,从考察到谈判签约、到生产产品不到半年。 尤丹的在华项目进展很快,在广东、湖北、新疆、东北三省等地到处留下他的足迹。尤丹曾经对我说:"姚,你们公司的发展条件多好啊!我见到你们在生意面前无动于衷,我太着急。"我解释说我们除了经济任务之外，还有其他任务。尤丹马上说："我知道你们信仰共产主义，犹太文化教导我们如何创新，中华文化教导你们如何在人生道路上向前进，马克思也是我们的骄傲呀。"

正是有众多像尤丹这样的杰出人士的努力，以色列和中国的商业关系日臻繁荣。1992 年建交时两国贸易额仅为 5000 万美元，2008 年时为 50 亿美元。2012 年，两国的双边贸易数字已达 100 亿美元，预计五年之内还要有更大增长。中国已成为以色列在亚洲的最大贸易伙伴，而且这仅仅是个开始。发展是永恒的，在良好愿望、互相信赖和友好关系的大环境下，没有什么不可克服的障碍。

1992 年中国和以色列建立正式外交关系，隐蔽真正身份的嘉比高公司也失去存在的必要，从此停止经营。尤丹先生转而开办另外一家公司，这是属于他自己的私人公司——卡默丹远东公司（Comodan Far East）。公司总部设在以色列，主营业务机构实际设在北京。从科尔商贸公司到嘉比高公司到卡默丹远东公司任职的变迁，不但记录了尤丹先生进军中国市场的成功步伐，而且反映了中以两国商贸乃至政治外交关系的长足发展。显然，和有着浓厚政府背景的中国华泰公司建立对口关系，使尤丹先生在中国开展工作处于十分有利的地位。华泰公司的业务活动是在最高当局的指导下进行的。当时，主管国家重大技术设备进口工作的正是后来的国家主席江泽民。尤丹先生告诉我：1998 年以色列总统威兹曼先生访问中国并会见江泽民主席时，曾经提到嘉比高公司，江主席不但记得公司的有关情况，而且知道尤丹的名字。尤丹先生在中国工商活动中享有非同一般的待遇，曾在不同场合会见过中国和以色列政要。在远东公司的档案材料中，既有尤丹先生和以色列领导人佩雷斯总统，埃胡德·奥尔默特总理的合照，也可以找到他与中国领导人江泽民主席以及国务院副总理钱其琛、唐家璇和农业部长刘江的合影。尤丹先生利用他所处的这种关系优势，方便而迅速地接触到全国各地各领域不同级别的客户，探索到一个又一个商机，不断扩大其在中国工商界的影响。经过 20 多年的经营，尤丹先生在中国已经成功运营 30 多个商业项目，遍及全中国几乎所有省区。现在卡默丹已是入驻北京商业中心区豪华办公大楼、拥有数量可观的员工的一家大公司。它代理着以色列十多家知名企业的中国业务。

尤丹先生总是风尘仆仆但又从容不迫的样子，和客户打交道的时候永远保持着和蔼的笑容，让你感到他是来和你交朋友而不是商谈生意讨价还价的。当遇到难解的分歧时，他会理性地避开无谓的激烈争执，巧妙地将问题留待双方冷静过后慢慢解决。他可能尽量作出某些让步，但也善于为坚持自己的利益底线而和你周旋。总之，他不会轻易放过任何一个可能成功的机会。低调可以说是尤丹先生行事和做生意的风格特点，这和他做人的诚意是一致的，生意即使没有谈出结果，也不会不欢而散，最终总会在和谐融洽的气氛中结束，正如中国俗话所说，"生意不成情谊在"。因此不难看出尤丹先生在中国工商界何以有这么好的人缘，他的生意何以屡屡获得成功。

传奇的萨尔·艾森伯格主席

萨尔·艾森伯格（S.N.Eisenberg, 1921–1997）生于德国，纳粹上台以后便流落他乡，转辗于欧洲一些国家谋生，但无着落。后来到了荷兰，不料纳粹又跟着侵入荷兰，他只得赶快逃离，于 1940 年到达上海，又从上海转往当时被日本占领的哈尔滨。他娶了一位日本女子为妻，此后他妻子归化为犹太籍。第二次世界大战结束后，艾森伯格开始经商。我听说过有关他

经商的一段趣闻，但不敢担保全部属实。据说当时有几个日本
富商手上拥有几家大企业，因为担心财产被占领日本的美国人
没收，于是将这些财产转到了艾森伯格名下。没收财产的危险
是渡过了，不过财产归在他的名下，他完全可以不顾财产本来
不属于他的事实，将其据为己有。但他为人诚实，最后还是把
全部财产归还了日本原主。日本人对他感激不尽，作为报答给
了他一笔巨款，又交给他好些生意上的关系，使得以同日本、
美国、韩国、印度等国的公司做上大买卖。他逐渐成为日本、
韩国和欧洲各国之间贸易的风云人物之一。一个逃亡到中国的
分文全无的难民，一跃而成为亿万富翁。艾森伯格是在20世
纪80年代初期比波哈雷斯稍早进入中国的犹太人，不过他的
兴趣是做秘密的军工交易。传闻他开始同中国做生意时，大多

数买卖都是军火。有关他涉及国防军工生意的详情，一直秘而不宣。根据各家不同报刊披露，艾森伯格于1979年第一次非常秘密地进入中国，他乘坐的是自己的私人飞机，随行的以色列代表团由军工界的重量级人物组成。在第一个代表团之后，又有其他代表团访华，结果促成中国和以色列军工方面的合作。我要强调，这些讯息是我从不同媒体上收集整理而成的。依我来看，艾森伯格的另一类业务更为重要，也更值得注意。他在中国设立了炼油厂以及一家农业发展公司。毫无疑问，这是推进两国关系的重要因素之一。艾森伯格自诩为促进中国—以色列两国关系立下了汗马功劳。的确，在以色列大众看来，艾森伯格无疑是推动中以关系发展的先行者之一。

艾森伯格在上海浦东签署合作协议

自从新中国成立以来，中国人听说最多的犹太商人大概就是艾森伯格先生了。他搭建了以色列军事工业与中国同业沟通的桥梁。据媒体透露，通过艾森伯格与中方达成的交易总金额达42亿美元之多。以色列高科技产业培养出了成百上千高科技工程技术人员，他们掌握空气动力学、航空电子学、计算机和电子科学方面的尖端技术知识和大量经验，艾森伯格介绍了许多才能卓著的专家与我国科技人员交流，促成以色列众多在世界上居于领先地位的航天和军事制造厂家与我们签订多项采购协议，帮助我国高科技工业的持续发展。这类辅助系统的发展，亦有助于以色列高科技工业推动民用安全、电子、计算机硬件和软件以及互联网领域的发展。

1987年我在以色列读水土资源研究课程期间，萨尔·艾森伯格曾和我谈过他的对华贸易进出口导向理念，他说以色列资源匮乏，人们想达到西方的生活标准的唯一办法是融入全球市场。国家采取的一系列政策和措施起到了积极推动科技事业发展的重要作用，其中包括：建立全国范围的国家纵向和行业横向科研体系，吸收大批移民英才，融入世界经济体系和加强技术出口。从某种意义上讲，发展军事技术也是经济的需要。以色列的国防预算不足以维持其军事优势，一个出路就是发展出口，同时进口必要的战略资源。艾森伯格无论在军事或民用高科技出口方面均非常成功。

随着全球防御市场的萎缩，依靠军事高科技工业发展转向民用的软件、通讯、成像、过程控制等方面的民用通用技术用途日益重要。例如由于需要较好的夜视设备，可以促成地方工程师在成像处理领域里得到训练，最终建立以色列有关高科技公司。以色列本国市场很小，民用产品出口至关重要，这更进一步刺激技术优势的保持，特别是在一些不受注意的行业如网络安全、经营决策、账务管理乃至医药。以色列从国家控制的集中和保护主义经济体系过渡到自由市场经济的结果是，一些传统工业如纺织业开始消失，退出低成本的海外竞争。以色列今天的服装大部分从中国进口。这样的过渡究竟要走多远和多快，一直争论不休，但是毫无疑问，享有相对优势的高科技，依然是以色列经济发展的主线。

我和艾森伯格有过私交，我尊敬并赞赏他的为人。1987年我在以色列读研究生期间，以色列农业部首席科学家沙和伟教授通知我：以色列国家工业总公司总裁艾森伯格想约见我谈一谈农业和农产品的工业加工问题。校方认为这是课程的内容之一，委派我的班主任沙令格（Dr. K.M.Schallinger）教授一同参加。看来校方接受了上一次我婉言谢绝参加香港代表团活动的经验，促使我一定参加。我与艾森伯格的会见十分融洽，我们似乎一见如故。谈的话题大家都喜欢，临别时艾森伯格先生说，下一次的见面我派车接你，谈一谈你的学习感受和我的建议。一到周末，他常接我去外面参观、考察、聊天。有一次谈到外国公司如何在中国的土地上站住脚跟并获得迅速发展，他说："外国公司要想到中国内地经营，必须找到当地一家中国公司作为合作伙伴，找准对口的项目，适合中国的技术和设备和项目的执行人。"他建议我考虑一下能否毕业后到他的公司任职。我犹豫一下说："交个朋友吧，我是公派留学生，回国后还要看国家的安排。"他笑着说："好，做朋友吧。"从此，直到他在北京去世，我们一直都是很好的朋友。

1989 年之后，一些国外公司、商社不愿意搬到刚刚建成的中国国贸中心办公。经贸部的领导找到我说："听说艾森伯格和你有私交，你能不能动员他来国贸办公？"我约艾森伯格一谈，他便爽快地接受了我的建议，由北京饭店迁到国贸大厦办公，同时动员了他的合作伙伴日本的日绵商社等一起到国贸办公。后来，他决定迁到富华大厦，开展内蒙古、青海项目，办理他的专机降落，都正式行文邀请我参加。

可以说，艾森伯格先生树立了以色列犹太人在中国经商成功的范例。话说回来，艾森伯格和中以双方国家领导人的良好关系及与高层接触的机会，与其说是他事业成功的秘诀之一，倒不如说是对他出色的商业能力的一种奖励和回报。艾森伯格先生的成功，最根本还是仰赖于他自身的才智和努力，靠他有一支勤劳有效的员工队伍。艾森伯格将一生的大部分精力献给了对华贸易事业，1997 年在一次贸易访华期间，艾森伯格先生心脏病突发，病逝于北京的丽都饭店。

2010 年以来，我参加了艾森伯格农业设备有限公司在天津、新疆、海南等地的现代化温室建设工程，并一直以顾问的身份参与艾森伯格农业设备有限公司的商务活动，至今保留该公司高级顾问的头衔。

布瑞斯勒的贡献

1987 年，伊斯海尔·布瑞斯勒（Eshel Bresler）教授作为联合国开发计划署的专家访问了中国，他来到甘肃和河北省，提出了改进农村用水效率的意见。他参观了中国水利水电科学研究院，走访科研生产联合体和该院直接指导的遵化燕山滴灌设备厂。他将以色列灌溉技术介绍给中国，并将他刚刚完成的论著《滴灌设计手册》亲自署名后，送给了当时主持国家星火计划课题项目的我。我们按照引进、消化、吸收、提高的原则，学习研究了《滴灌设计手册》的内容。我还将该手册从英文翻译成中文，1999 年由中国农业出版社出版。

布瑞斯勒教授当时是以色列农业部农业研究组织——土壤与水资源研究院院长兼土壤所所长。他很高兴地自我介绍道，他生于 1931 年，自幼成长于以色列的集体农庄基布兹。"基布兹"农庄在希伯来语中意即"团体"，在这里，人们共同生活与工作，是一个没有竞争的社会团体，所有财产归集体共有，社会建立在法律面前人人平等的基础之上。他告诉我他就读于以色列耶路撒冷的希伯莱大学，主修作物灌溉和土壤科学，获得了理科学士和硕士。27 岁时，他进入以色列农业部农业研究组织技术服务机构，作为灌溉专家工作了十年左右。1968

1987 年，本文作者（左二）在布瑞斯勒（左四）的家乡。

年，他在美国科罗拉多州立大学完成博士学位后开始了科学研究生涯。

我受中央引智办和国家科技部的派遣，于1987年在以色列学习水土管理课程时，伊斯海尔·布瑞斯勒教授安排时间，组织我和秘鲁、日本学员参观了他出生的基布兹农庄，使我们了解了以色列的人民，它过去的历史，以及现在的活力发展。他和我的课程班主任沙令格教授介绍我去会见以色列国家产业联合（U.D.I.）有限公司总裁艾森伯格，希望以色列的企业界能与中国水利专家合作发展节水型农业和创建节水型社会。

布瑞斯勒教授为了使我了解以色列，尽量安排我多看一看。死海是深受欢迎的旅游胜地，位于海平面以下412米，是地球表面陆地最低的地方。全世界凡是到以色列访问的人都喜欢到此游览。布瑞斯勒教授除了安排我的课程外，特意在我的实习考察访问日程表上把死海列上，而且摆在首位。他还告诉我为什么应该参观死海。除了按教科书中的内容介绍死海外，他想谈一谈他自己对死海海水的独特成分和高含盐浓度的见解。布瑞斯勒教授说他曾经与本－古里安大学共同研究过死海的水质，研究的工作内容涵盖死海的形成、现状与未来，及其与生态、环境、旅游、农业和工业等领域的关系，参与有关科研项目的发起、推动和项目投资。所有的研究活动，都得益于死海的环境保护，包括太阳的光谱分析，以及死海在气候、地质、水文和生态方面的独特优势。布瑞斯勒教授还告诉我：死海的沉淀物涂在人身体上，经过阳光的紫外线照射后，有治疗皮肤和眼科疾病的功效。此外，对心脏和肺部疾病也有治疗作用。所以说，以色列"AHAVA"品牌的各种护肤膏非常受人青睐。后来我回国的时候也带上几瓶AHAVA护肤膏送给我的朋友。

中以建交后，凡是去以色列访问的团组，在以色列期间大多安排参观死海，中央电视台还曾播出过有关死海的特别节目，代表团成员到死海游泳，留下了在死海水面上躺着看报的悠闲影像。

布瑞斯勒教授还告诉我："以色列科技事业的发展和成就取决于她强大而优秀的人才资源。她拥有教育程度高、富于创造发明能力和进取精神的人民。从人口比例来看，以色列拥有工程师人数以及科技论文发表数量高过世界上任何其他国家。以色列每万人有工程师 135 名，美国为 85 名。我特别记得有一次，我到他家做客的时候，他也约了他的几个好友参加，他说："我 1987 年作为联合国计划署专家去中国的时候觉得，过不了三十年她就会成为世界的强国。"我问："为什么？"他说："我亲眼看到这个国家的无穷发展潜力。我一直在梦想，我们总会有一天和中国在节水项目上开展合作，这就是犹太人最熟悉的领域——水。我相信，我们犹太民族和中华民族将为世界各国作出许多贡献，同时我们与你们的合作将会获得巨大利益。"他讲的好像是一种预言，而后来的现实正在逐步证明他的分析判断不无根据，至少我们两国在水的领域里的合作取得了极大进展和成效。

1991 年 4 月 21 日，布瑞斯勒参加了"首届中以两国水利用效率研讨会"。在研讨会上，作为执行主席，他成为明星主

1978 年，本文作者（右一）和沙令格教授（右二）在基布茨联欢。

持人。会后应中国扶贫基金会主席项南的邀请，由扶贫基金会孔璨东秘书长陪同沙和伟领队和布瑞斯勒教授的代表团赴河北省保定地区，指导河北省太行山区和燕山山区的灌溉技术。4月30日，布瑞斯勒教授返回北京参加"五一"国际劳动节的中山公园游园活动。在他的驻地北京建国饭店，1991年5月1日9时，布瑞斯勒教授因心脏病突发，安静地离世。他在中国的工作中度过了他平凡而伟大人生的最后十天。我们听到他突然故去的消息，非常悲痛。我们会记住伊斯海尔·布瑞斯勒教授在水土管理领域对全世界作出的巨大贡献，尤其会记住他为中以两国同行之间的友谊与合作所作出的巨大贡献。他身后留下的丰厚科学成果遗产，将为我们所用。

诗罗莫·阿莫尼的讲座

1988年10月23日—11月6日，诗罗莫·阿莫尼（Shlomo Armoni）教授在陕西杨凌向中国的华北、西北19个省区的水利科技工作者，做了题为《微型和滴灌工程技术——中国节水农业重要因素》的讲座。国家外国专家局、中国华阳技术贸易公司、水利部国际科技合作司和甘肃省政府共同参与并作了周密的安排。讲课前，我专程去香山饭店向正在开会的水利部杨振宁部长作了汇报，他特意叮嘱我：要按中央指示做好对外保密工作。当时阿莫尼教授以香港亚洲贸易公司（Astraco-Asia Tradeing Co. H.K.）水利专家的名义来华讲学，持以色列护照，另纸签证入境。

"另纸签证"的特别许可方式是中国华泰总经理在华阳工作时，为解决以色列塔迪兰公司的有关人员拿到签证问题创出的办法。签证是以色列人进入中国内地的关键。没有外交关系，当然不能持以色列护照取得签证；不少以色列人持有其他国家护照，比如美国、新加坡等国家护照，但只要上面标明持有人是以色列籍，取得签证亦非易事。而在精明的犹太生意人看来，没有最终与客户直接对话，没有对相关商业环境的实地了解，谈成生意签约那是根本不可思议的事情。香港曾是以色列商业人士遥望中国内地巨大市场"望洋兴叹"的地方。

1986年以色列商人应邀到香港与来自内地的中国华阳公司代表接触，就曾抱怨说和中国难做生意，因为拿不到进入中国的签证。事后中方代表聂松女士问他们要名单，她说："请告诉我，你们哪些人需要进入中国，我想办法。"不久持以色列护照另纸签证入境就得到海关的认可。随着与以色列交往的不断升温，以色列开始成为中国华阳公司的一个重点工作方向。1988年为执行此项任务专门成立了中国华泰公司并在香港设立分支机构，受权组织和协调有关活动。从此形成一条经由香港连接以色列和中国大陆的秘密经贸和技术交流通道。

阿莫尼教授在陕西杨凌的讲座就是通过以色列—香港—中国大陆秘密经贸和技术交流通道安排。阿莫尼教授在微灌技术上是世界顶级的专家，出版的灌溉专著被印成许多国家的文字。虽然年过七十，但他对周围一切他关心的人和事都会提问。我们的汽车行驶在从西安到杨凌的公路上，路过一个集镇，汽车被赶集的农民自行车堵住，他问我："中国拥有多少自行车？"我说差不多5亿辆，全国平均每两人有一辆。他说："中国人是聪明的，应该使用自行车，无愧'自行车王国'的称号。要是像以色列每个家庭有两、三辆轿车，会形成交通更严重堵塞的尴尬局面。"顺便提一下，我们边走边聊，他说得让我最难忘的另一个问题是人口问题。他说道："我到你们国家之前，特意阅读了一些资料，研究中以两国不同的人口政策。中国政府1975年决定实行计划生育政策。尽管实行这一政策，中国

阿莫尼教授在陕西杨凌
讲学

现在人口依然有 10 亿。中国人的家庭长期以来一直以多子多
孙为福，实行计划生育对你们的传统文化价值观来说是一场革
命。中国人家庭子孙满堂，母亲是家庭的核心，这和犹太人母
亲在家庭中的地位颇为相像。" 阿莫尼教授的话题一转，他
说："当然我赞同这样的政策，但实行一家一个孩子的办法会
带来一个后果，那就是对孩子娇生惯养。独生子女周围没有兄
弟姊妹和他竞争，不但有父母双亲而且有四个祖父母围着转，
要什么给什么。这样一代人被宠坏了，他们以为天生什么都能
得到。"我说现在许多父母很清楚下一代孩子必然会娇生惯养，
因此特别注意让他们的独生子女参加社会活动。我们在聊天中
不知不觉地到了目的地杨凌。当时陕西杨凌的生活条件差，为
了讲课方便阿莫尼教授和学员住在一起，他的房间在三层，也
没有热水管道。但他毫无怨言，以饱满的热情讲课，解答学员
的提问。

在他第二天讲学的开场白中，诗罗莫·阿莫尼教授用希伯
来语说："Shalom! Shalom! Toda raba!"（你好！谢谢！）
开始了他的一周课程。这个培训课程计划意在加强科学研究合作，采用发展节水型灌溉农业的方式以提高中国农产品品质和产量。阿莫尼教授希望中国与以色列建立外交关系之后，我们能在科技交流和经济交往方面建立起广泛的合作关系。

在讲座过程中，他谈到了许多问题，如水法，水权，水价，水税，一些历史和宗教地点，如耶路撒冷、死海、约旦河、莫沙夫、农庄等等。在诗罗莫·阿莫尼教授离华回以色列之前，他给我留下了他的论著《Dan 微喷设计手册》，他建议我们从以色列 Dan 微喷公司引进生产线到北京，用以生产 Dan 微喷设备。1990 年 4 月 21 日，在国家外专局领导下，中国华泰技术贸易公司 (HT) 和以色列嘉比高（Copeco）签订了中国与以色列的第一个技术引进合同，引进以色列丹公司（Dan Sprinkler Co.）微喷生产线到北京。现在全中国各地的城市绿化草坪、广大农村的设施农业温室、家庭院落花房、都能见到我们的引进成果。国家"十五水利规划"又将我们的引进节水技术成果消化、提高和国产化，使其成为我国独立自主的知识产权。

诗罗莫·阿莫尼教授从陕西省回来后，我们为他安排的是一份丰富而又紧凑的三天日程表：外宾只要来到了北京，有三两件事是非办不可的，那就是吃北京烤鸭、登长城和进紫禁城——那怕你只是留宿一夜的匆匆过客。当日下午游览长城，阿莫尼教授引用毛主席的诗词说："我想当好汉，'不到长城非好汉'。"一口气登上顶峰，他很高兴。晚上我们吃北京烤鸭后，考虑到他去首都机场方便，便安排他住在离机场较近的北京佳丽饭店。

不过这一次最令我感到意外和惊讶的是进了房间后，他很生气说："这饭店的条件差，我不想住这里，调一下宾馆。"我说，房间有卫生间、有暖气、冷热水齐全、自助早餐，比杨凌的条件好多了呀？他说："姚先生，杨凌各方面的物资供应情况差，但我体会到，他们邀请我去讲学访问，用最大的努力照顾我。为了我能用热水，三位服务员小姑娘日夜值班从一楼向三楼提水，我的房间外总有七八个保温壶和两名服务员为我服务。他们的行动感动得我流泪。但是这里是北京，有好多五星级宾馆，我希望住在北京条件好的安静的宾馆。"我马上将这一情况汇报了我的上级领导。上级问我他是否有其他恶意。通过近十天的接触，我得出的判断是：他是个友好、直率、好强、执著的犹太科学家。上级立即指示：调换宾馆。

第二天上午，他在下榻的燕翔饭店洗漱完毕，我们的小轿车和陪游人员已经守候在门外，我问他："新调换的宾馆满意吗？"他像小孩子似的笑着说："非常满意。"我陪他游览了天安门广场、颐和园、明十三陵等地。第三天带上行李参观故宫紫禁城，然后直奔机场，结束他的在华行程。我们从故宫南门出来，他见到景山后说："上！"不等我解释时间不多了，就径直向景山的顶峰跑去。他似乎向我们证明他是多想了解中国。阿莫尼教授当时已经年过花甲，登上景山后，在山顶向南久久凝视故宫，他又向北远望。他问道："北京中轴线北面的高大建筑物是何地？"我告诉他，那就是鼓楼。他连忙道："谢谢！下次去吧。我们下山，去机场吧。"

我目送他走进机场登机口，忽然他扭转回身，边走边从他的手提箱内掏出一本书说："这是我的最新版本的著作《微喷灌溉技术手册》，正在再版，我的第二版校正勘误表夹在书内，请你参考。"我见他眼中闪着泪花说："感谢你这些天对我的关照。我会尽快把我对中国发展微灌的建议给你。"一周后，我收到了他从香港发给的我的《中国之行报告》。截稿日期显示原来他在北京燕翔饭店通宵写他的报告。一年多后，以色列 Dan 微喷公司与中国签署了中国—以色列的第一个技术引进合同。

农业专家阿龙·巴尔在中国

尽管樱桃西红柿已经广泛地出现在中国人的餐桌上，并在中国各地种植，然而只有极少数人知道谁是在中国种植这种樱桃西红柿的先驱。他就是以色列农业专家阿龙·巴尔（Alon Bar）先生，1988 年，他开始在广东省中山市发展这个项目。对许多以色列人来说，中国是另外一个世界，远在天边。生活在以色列的人，主要来自俄罗斯、波兰和其他东欧国家以及北非的穆斯林国家。阿龙·巴尔的家庭是来自俄国的伯恩斯坦家族的后裔，十月革命前，沙皇俄国局势动荡，举家迁到巴勒斯坦。在以色列，"阿龙巴尔"就是巴勒斯坦的谐音。阿龙·巴尔的父亲是以色列的民族英雄，几次中东战争中为国家立下汗马功劳，以色列政府授予他"终生飞行员"的称号，直到 2011 年 83 岁去世，还驾驶飞机工作。然而在以色列出身显赫的阿龙·巴尔偏偏热爱农业。从 1988 年来到中国一直到现在，他都为中国—以色列的合作而奔忙。

阿龙·巴尔刚来时，从中国到以色列没有直线联系，我们通过美国、德国、香港以及新加坡等秘密渠道联络以色列。鲁文·麦哈夫先生当时是以色列驻香港总领事，后来他成为以色列外交部总司长。1987 年香港和新加坡每年从美国进口数百吨的西红柿，质量一般，价格昂贵；香港和新加坡同时还从中国进口西红柿，质量下等，价格低廉。我们在分析了这个形势后，一致决定从提高以色列樱桃西红柿和易贮存西红柿的种植合作开始。我们决定在中国广东省建立第一个中以农业合作项目。

领事麦哈夫先生介绍的阿龙·巴尔先生是一名农业专家，对种植西红柿项目有着广泛的经验。1988 年，以色列专家阿

阿龙·巴尔（左）和中
国友人在一起

龙·巴尔先生为开展本项目付出了艰辛努力。他全家五口人从
以色列迁到中山市，并在此生活了近两年。为了更好地工作，
阿龙克服了许多困难，还快速地学习了一些中文。中国的生活
和习俗与以色列大相径庭，他不得不学习中国的生活和文化方
式。他的三个孩子当时分别为5岁、8岁和12岁，全家住在
当地的普通居民楼的一套公寓里，没有电梯，地面是水泥做成
的，条件较差。公寓靠近中山市农业委员会，而学校远在澳门，
他们在很长时间里没有轿车，只能骑车或乘公交车。阿龙有着
许多支持者，他们既有各级官员，也有普通中国公民。1988
年春季，阿龙到中国仅三个月后，他种植的西红柿即在试验
田获得了成功。现在中国已经成为以色列樱桃西红柿和以色列
保鲜期长易储存西红柿的最大出口国。中以合作种植的新的西

红柿比来自美国的西红柿质量更好、更新鲜，它的价格是以前从中国进口西红柿价格的 10 倍，是从美国进口西红柿价格的 1.5 倍。在这两年间，他同农场职工一起出入田间劳作，在中国结识了众多好朋友，其中有些在 19 年之后的今天依然与他保持着联系。合同期满后，阿龙又开辟了印度市场。这个项目带动了中国"菜篮子工程"，现在著名的以色列樱桃西红柿在中国已生根发芽，它并不局限于中国南方，后来很快在北方获得了更大发展。以色列哈谢拉种子公司的优质品种和先进栽培技术，在广东省中山市获得商业上的成功。中国华泰公司联合当地农场和以色列哈谢拉公司建立一家西红柿合资企业，在中国首次开发生产樱桃西红柿。这种西红柿肉质上乘，果型和色泽漂亮，能自然保鲜三周之久，立刻赢得业界和市场的青睐。产品以"红美"品牌外销香港，十分抢手，出口价格相当于内地普通西红柿品种的 3-4 倍，首次为中国内地果蔬抢占香港高档市场打开了一个缺口。

1989 年阿龙又在广东一块试验田里种植了以色列 26 个西红柿品种，使用以色列和中国的综合技术，建立了一个包装车间，并生产出漂亮的包装材料。同时，他还去了香港，在以色列驻香港领事的帮助下，接触并说服了主要超市连锁店的采购经理，一些商店和几家日本超市开始购买阿龙种植的完美的中以合作农场生产的西红柿。在此之前，香港超市的采购经理都是英国人、美国人或日本人，他们只从美国、欧洲购买西红柿。当他们知道以色列在中国种植的西红柿的优点后，开始从中国华泰订购樱桃西红柿。

1989 年我们也通过国务院引智办，将合作产品寄给北京中南海的中央领导，并通过以色列驻香港领事寄给香港的多名议员和公众人物。经过讨论，我们安排当时以色列驻香港总领事于 1989 年 4 月第一次访问了示范的以色列项目。在实验成功的基础上，我们扩大了生产，继中山之后又在珠海建立了第二个农业出口项目，并于 1990 年在深圳和广州建立了同样的项目。今天，以色列樱桃西红柿、易贮存西红柿的种植在整个中国已迅速发展并家喻户晓。

阿龙·巴尔现在是以色列亚洲集团主席，在广泛领域从事经营业务，与中国在金融、安全、医疗、控制与通讯、能源、水处理、食品、农业等方面进行合作，并在中国大规模地建立了农业种植园。2005 年我一退休，他就聘请我到他的公司当技术顾问，我们一直到现在都保持友好交往。2007 年 8 月阿龙的长子易福得（Mr. Iftah）从法国学习酿酒专业毕业后也来到中国。他亲自来到我家，并回忆起他在中国生活的美好童年，表示愿意继续开展中以技术合作工作。现在他北京朝阳区的使馆区有自己的酒庄业务。

约瑟夫·沙和伟博士与中以培训中心

1990 年 3 月的一天，约瑟夫·沙和伟 (Joseph Shalhevet) 博士刚到北京，就打电话告诉我：他开始在中国担任以色列科学与人文研究院驻北京联络处主任。第二天，中国华泰公司的总经理唐建文就通知我：公司设宴在前门饭店宴请沙和伟一行。从此我们的师生关系又罩上了一层工作关系。周末，沙和伟博士常约我去他办公室教他中文、谈家常、聊水利、论科技，我们常常中文英文一起说。1990 年 4 月，沙和伟在北京凯宾斯基饭店举办的庆祝以色列国独立 42 周年招待会是他任职后的第一次大型活动。他邀请我和许多朋友参加，参加者分别来自国家外专局、税务局、技术监督局等。在演讲一开始，他就用我教他的汉语说道："千里之行，始于足下。"然后用英语说：

1990 年，本文作者和沙和伟博士讨论中以示范农场。

"这是我在中国万里长征的第一步。"虽然汉语讲得很生硬，却获得了一片欢笑和掌声，一下拉近了当时不太了解以色列的参会者与他的距离。他的夫人会后对我说："你教他这句话，他在家练得我也会说了。"沙和伟又一次说："姚，我夫人迷上了中国太极拳，你能帮她请一位太极拳教练吗？"不久我从北京市体委请了位女教练，一直教夫人太极拳。

　　1990 年 5 月 29 日，按照"国引办"83 号文件精神，我陪同沙和伟和以色列耐特菲姆（Natfim）的专家巴拉克（Barak）赴河南新乡和山东禹城等地讲学。在火车上沙和伟认真地和我说："中国是个世界大国，资源丰富、人民奋发图强，同时也有着许多需求。最重要的是，她要不停地为改善本国 10 亿多人口的生存状况而奋斗。以色列国把中国视为至关重要的伙伴，我们同美国、俄罗斯以及欧洲国家的关系都没有与中国更重要，我们应共同致力于打造未来。我们和中国有许多的共通之处，我们不可错失良机。我相信，中国向我们伸出的友善之手，必将进一步推动双方为合作竭尽努力，给双方带来利益。"我毫不怀疑这是他准备已久的心里话。我深信一定会看到越来越大的中以合作的进步与发展。前面谈到，经过 20 世纪 80 年代的多方接触，双方政府达成一致，在开展科学家交流和科学院合作的基础上发展双边关系。1990 年 4 月，以色列自然和人文科学院的联络处在北京成立，沙和伟应该是中以关系划时代的人物。

沙和伟教授是国际知名的水土专家，他曾参与过多项国际研究活动，主要涉及使用盐水生产粮食、废水净化等重要课题。沙和伟教授在担任这个职务之前，曾长期从事科学研究工作。他在美国取得博士学位，专业是土壤科学、肥料和水。回到以色列以后，沙和伟教授进入以色列国内最高级的农业研究机构"沃康尼农业研究所"从事科学研究，不久便提升为所长。以色列政府任命他担任这个职务之后，有科学家写信给政府说，"我们十分高兴，应当说，政府的这项任命是选对了人物、职务和时间。"1990 年，他调任以色列科学院驻北京联络处主任，这个职位在当时相当于大使级。科学院联络处主任的职务，对中以两国来说都非常重要，因为在当时它事实上是两国之间的唯一官方接触渠道。沙和伟教授算是以色列派驻中国的第一位官方代表，沙和伟教授也就等于是"以色列首任驻华大使"。

1992 年中国和以色列正式建交，科学院联络处撤消，沙和伟教授改任以色列驻华大使馆科学和农业事务顾问，后来的正式头衔是"以色列驻华大使馆首任科学和农业公使"。他在中国担任科学院联络处主任期间，曾于 1991 年 4 月 21 日与中国华泰等单位共同组织并出席了首届"中以两国水利用效率研讨会"，并不断致力于推动他心中的三大任务——建立中以农业培训中心、中以示范农场和中以示范奶牛场。现在这些任务已经由他本人和他的继任者顺利完成。在成功地举办第一届研讨之后，约瑟夫·沙和伟博士访问了河北省，考察了该地区高效灌溉的发展。

我在以色列学习期间，沙和伟教授是院长，他正式以书面的形式授权我翻译《滴灌设计手册》。这给我机会经常同他探讨许多专业问题，他担任科学和农业公使职位时，他的经验和知识曾经给我不小帮助。1987年我在以色列学习的时候，他就经常询问我有关中国的农业和科技的情况。

1991年4月30日是约瑟夫·沙和伟博士六十寿辰之日，根据中国习俗，我们在晚餐为他准备了长寿面。他兴奋地告诉我们一个好消息，他将在次日上午去北京中山公园参加"五一"节活动，这在当时意味着中以双边关系得以提高。我们很高兴地谈到将来的合作。他说："以色列滴灌初期是布拉斯1971年做出的，最早是在花园，而后在果园和农作物地实施，滴灌区域在后几年显著增加了，水管理意在使农场主的净利润最大化。随着全球水资源短缺，目前节水型社会建设已成为全球的任务。"

坦诚地说，在中以两国开始接触和交往之初，中国方面看重的是引进先进技术和管理知识，而以色列方面更希望获得政治外交上的好处，打破它在世界上相对孤立的状态，给外部世界一个印象，似乎中国这个举足轻重的大国开始和以色列建立正常关系了。保守秘密和泄露消息，一直是双方的一种博弈。尽管有实行保密的郑重承诺和约定，中以双方的秘密接触还是不断有消息走漏出去。沙和伟教授以他的智慧和执著精神，克服通往中国道路上的各种障碍和重重困难，为了两国利益付出了辛勤努力，为中以两国关系的发展作出了宝贵贡献。

沙和伟博士表示在他的职业生涯成功之后，希望中国将与以色列建立外交关系。当我们正共同努力实现这些目标时，中国于1992年1月24日与以色列建立了外交关系。

姚振宪

（水利部中国灌溉排水发展中心原总工程师）

戈壁上的探戈

两个舞者

"到以色列的朋友们到这边集合啦！"乌鲁木齐国际机场的候机厅里，一个导游挥舞着小旗，他洪亮的喊声盖过了大厅里的嘈杂，或坐或站的候机者们中间，就有一些男女老少走向他并排成了一队。他们是参加"以色列 12 日经典之旅"旅游团的游客。乌鲁木齐－北京－特拉维夫……他们需要飞行 15 个小时以上。

新疆，中国最美丽、最神奇的地方。人们说：天山的冰雪啊喀纳斯的神话，羊肉串的下面啊躺着香馕；走入百里戈壁滩，就能看到远方千年的胡杨；在诵颂《古兰经》的声音里，葡萄和哈密瓜熟了……

新疆是古丝绸之路最重要的节点之一，这条交通网络的另一个端点，是地中海沿岸。在近两千年的历史中，它一直是东西方商品和思想交流的重要渠道。就是在今天，它代表的不同民族、社会和文化的交流价值还被东西方社会共同尊重着。只是今天，人们不但走在这条陆路上，还乘飞机飞行在这条路的上空。

面积占中国总面积的六分之一的新疆，处在亚欧大陆腹地，气候干燥少雨，年均降水量 145 毫米，只占全国总量的 4.0% 左右，而且能形成可供利用的径流量仅为 0.06。河流和地下水资源时空分布极不均衡，又受季节因素影响，地表水蒸发量大，致使一些地方水资源严重不足。

新疆种植业用水主要靠高山积雪，所以，新疆的种植业属

于灌溉农业。

　　新疆的沙漠、戈壁面积占中国沙漠面积近 60%，占新疆总土地面积的四分之一。

　　以色列是古丝绸之路最重要的终点之一。说起以色列，人们会想到沙漠和死海。 以色列国土面积的一半以上属干旱和半干旱地区，是全球最干旱的国家之一。

　　以色列雨量分布极不均衡，北部较为充沛，但南部只有

在生存环境方面，新疆和以色列有着很多相似的地方。

25 毫米。全国仅有五分之一的土地适宜农业耕种，其中有一半必须依靠灌溉。

在生存环境方面，相隔万里的新疆和以色列有着很多相似的地方，这让新疆人对以色列有着一种天然的亲近感。

为了减少高山雪水的蒸发流失，新疆人发明了坎儿井。千百年来，以坎儿井为代表的农业灌溉技术，让新疆的种植业像沙漠中的绿洲一样保存和发展。而以色列发明和利用现代农业节水灌溉技术，在耗水量基本不变的前提下，50 年来农业产量增加了 12 倍。

在历史这一最客观的观众面前，在各自的经济文化的舞台上，新疆和以色列都是出色的舞蹈者，他们都以自己独有的美感散发着十足的魅力。

从犹太人通过丝绸之路到达新疆并进入中国腹地开始，到 1992 年中以正式建交以来，以色列和新疆的交往就从来没有停止过。

西蒙·佩雷斯的"邀请"

天山北麓、准噶尔盆地南缘是新疆维吾尔族自治区昌吉回族自治州的地界，昌吉市是它下辖的最大城市。它和乌鲁木齐国际机场相隔 18 公里，是"丝绸之路"新北道的必经之地。新疆农业职业技术学院就坐落在这个城市里。校园内绿树成荫，鸟语花香。在占地 600 亩、建筑面积 15 万平方米的校园里，那座近 15000 平方米的实验、实训大楼格外引人注目。在呼图壁，她还有占地 3000 多亩的东泉校区。

2002 年之前，这所学校还不知道它将和古丝绸之路终点上的一个国家产生那么亲密的关系。

2002年3月24日到26日，应中国外交部长唐家璇的邀请，以色列国副总理兼外长西蒙·佩雷斯对中国进行了正式访问。在他随身携带的重要文件中，有一份重要的建议书。这份建议书的中心内容，是建议由以色列政府出资并派出技术人员，帮助中国在西部一个干旱省份设立示范农场。

毫无疑问，当他把这份建议书递交给中国的领导人时，所表达的，是以色列希望和中国建立一种更为亲密关系的意愿。当然，这种意愿中也包含着以色列希望在中国的农业领域开拓市场的目的。西蒙·佩雷斯的建议，是以色列向中国伸出的邀请之手。

也是这一年，在中国担任以色列农业发展公司总经理的亚伯拉罕·奥尔默特荣任以色列驻华科技和农业公使。

得到任命前，他曾向以色列外交部提交了一份报告，报告建议在中国西部一个干旱省份设立示范农场。他在建议书的前言中说："中国缺水问题非常严重，西北地区尤甚，而我国在这方面拥有丰富的经验和技术，中以两国有着共同合作的良好基础。事实上，西北地区农业经济的发展有赖灌溉，但却受到水资源严重缺乏和土壤盐碱化的制约。此外该地区还缺乏先进的农业技术。"

他还指出："中国西部各省的发展水平落后于东部，这个地区的开发将是中国经济进一步发展的重头戏，以色列在这方面应当有所作为。依我的看法，干旱农业项目是对中国西部开发大战略的响应。假如以色列能帮助其解决西部面临的干旱农业这一主要问题，将会受到他们的重视和赞赏。"当然，他也提到，高科技农业技术在中国的成功推广，必然可以帮助以色列相关厂商打开中国这一巨大无比的市场。

不过，亚伯拉罕·奥尔默特没有想到的是，西蒙·佩雷斯访问中国时，随身携带了这份文件并交给了中国。西蒙·佩雷斯还承诺，由以色列政府出资 400 万美元，提供技术和设备援助，在中国建立这样一个干旱农业示范中心，培训农业技术人员和农民。他指定亚伯拉罕·奥尔默特为这个项目的以方负责人。

费用到账的"计谋"

完成"建立干旱农业示范中心"这一舞蹈，要有舞台、表演者、服装、场地、音响、灯光……而这一切都需要钱。

投入 400 万美元，这在以色列类似的国际合作项目中是史无前例的大数目。应该说，做什么事都算账是犹太人的天性，但是，要从这个项目计算出相对准确的回报率并不现实。

亚伯拉罕·奥尔默特在他出版的一本书中回忆说："当时我还没有到大使馆上任，但听说副总理佩雷斯在中国给当时的总理巴拉克打电话，说他要向中国作出有关兴建示范中心的承诺。巴拉克问，这样一个项目大概要多少钱，佩雷斯向周围人打听，有人说 400 万美元，佩雷斯就将这个数目告诉了巴拉克。巴拉克说：'好吧，我批准。'该项目是以色列在国外承担的最大项目。我想，以色列谋求维持和中国的良好关系，是以色列之所以乐于为这个项目注资、而且超过 400 万美元也在所不惜的原因之一。"

亚伯拉罕·奥尔默特到中国上任科技和农业公使职务以后开始启动这个项目，但是资金却迟迟没有到位，原因是佩雷斯副总理对中国的承诺，还没有得到以色列政府的最终正式批准。又过了好久，还是没有好消息传来。亚伯拉罕·奥尔默特后来回忆说："我别无选择，只好自己想办法推动事情的进展。

我灵机一动，决定采取在常人看来是非同寻常的一个举措。"

他的"非同寻常的举措"，是利用佩雷斯的威信和名誉。当时，他的老上级和好朋友波哈雷斯教授正在"佩雷斯和平基金会"当领导，与佩雷斯关系密切。他提笔给波哈雷斯教授写去一封信。他写道："我听到中国各方面的反映，他们对佩雷斯深表失望，他们本以为佩雷斯是个非常可靠的人，相信他说话算数，答应的事情必然兑现，但看来并非如此。以建立干旱农业示范中心为例，他承诺后，时间已经过去太久，但至今不见实际行动。"他请求波哈雷斯教授将这一情况转告佩雷斯先生。其实，他信中所说的情况，大都是他编造的。

这份加急信件发出三天后，大使打电话找亚伯拉罕·奥尔默特说有急事，他立刻赶到大使办公室。一见面，大使就说："我刚刚收到紧急来电，批准动用项目的预算资金。莫名奇妙，事情为什么惊动到总理办公室，而且文件这般紧急？"

选中新疆

得到消息后，中国的西部各个省份都想成为中以干旱农业示范项目的参与者。但是，对这一意义重大的项目，以色列方面有自己慎重的政治和经济利益考虑。

以色列认为：首先，必须选择一个有较高的成功机会的示范地点；其次，通过这个项目，要为以色列的国家形象加分；第三，要为以色列的相关产业带来经济效益。

以方认为，成功的因素主要有三项：气候条件、土壤条件以及与之合作的人。

西部有两个地方最适合开展这个项目，一个是甘肃省，另一个是新疆维吾尔自治区。作为以色列驻华科技和农业公使，亚伯拉罕·奥尔默特认为新疆最为适合，这也和中国方面的主张不谋而合。新疆维吾尔自治区有戈壁滩，有中国最大的沙漠——塔克拉玛干沙漠和古尔班通古特沙漠，地理环境和以色列有相似之处，有开展干旱农业和推广以色列农业经济的最大前景。

但是，以色列驻中国大使却有不同的判断角度，而事实上，也的确面临两个不能回避的问题：一是新疆人口以穆斯林少数民族居多，占这个地区人口的 50％左右；世界上谁都知道以色列和穆斯林的关系；其次，这个地区离中国的中心城市太远，在这里设立项目，其影响作用难免有限。因此，他宁愿选一个当地人民比较友好的地区。他主张选择甘肃。

经过深入调查研究，亚伯拉罕·奥尔默特与大使进行了进一步的交流，他说，他找了很多了解这两个地区情况的中国人，作了深入的咨询，也到新疆进行了实地考查，他们和他都认为新疆成功的机会更大，因为当地种植葡萄、甜瓜等作物的经验丰富，这对将来项目取得较好成果十分有利。至于甘肃，像这类作物都是首次栽种。他还强调说，他和以色列技术设备生产商讨论过这个问题，他们也主张选择新疆，因为那里有开展业务的更好前景，他们对盈利的考虑不能忽视。

以色列驻华大使决定亲自到新疆考察。亚伯拉罕·奥尔默特和他在新疆走访了三天，和当地的汉人、维吾尔人举行了会谈，最后回到乌鲁木齐的自治区农业厅，会见农业厅负责人。最终，双方达成了将项目定点新疆的共识。

2002 年 10 月，中国农业部、新疆维吾尔自治区人民政府和以色列驻华使馆在北京正式签署了《关于合作建立"中国—以色列旱区农业示范培训中心"的谅解备忘录》。

备忘录确认："'中国—以色列旱区农业示范培训中心'

是一个集农业技术研究与示范、技术培训、交流、科研成果推广、农业生产与经营等多项职能于一体的国际间合作交流中心，是中以两国政府在新疆合作建立的中国西部最大的国家级农业涉外项目，也是西北地区的第一个农业合作项目。

"中国以色列旱区农业示范培训中心项目，总投资4352万元，其中以方投资2848万元，中方投资1504万元。以色列投资设备、技术，在3000亩的农田里建设旱作节水农业示范基地。项目建设是通过双方合作，在干旱地区推广先进节水灌溉技术、旱作农业新技术；开展国内、国际节水农业人员培训；引进、消化、吸收国外先进节水农业新技术；达到旱作农业先进技术普及推广的目的，促进新疆及西北干旱地区农业现代化进程。

亚伯拉罕·奥尔默特（欧慕然）在考察项目。

"中国—以色列旱区农业示范培训中心分布在离乌鲁木齐市不远的两处地方，一个是昌吉市的新疆农业职业技术学院，另一个是东泉新疆干部学校。农业职业技术学院示范中心建设占地3000亩的以色列智能温室大棚，在农业干部学校开辟2000亩以色列节水灌溉大田。"

很快，这两所学校就得到了确切的、让他们高兴得跳脚的好消息。

"无懈可击的优美探戈"

2006年11月7日，以色列外交部亚洲司司长迪翁、以色列外交部国际合作中心主任考恩考察了中国以色列旱区农业示范培训中心。

初冬的新疆寒风瑟瑟，但农业职业技术学院以色列智能温室大棚里却春色满满，鲜艳的红掌、盛开的非洲菊、各种盆栽花卉、大棚蔬菜生机勃勃，仿佛是在告诉人们，在这里，只有春天和秋天。在新疆农业干部学校2000亩以色列节水灌溉大田里，农户们刚刚秋收完了，谈起节水灌溉带来的经济效益，他们个个满脸喜色。

听过中以双方技术人员介绍的情况后，迪翁翘起大拇指说："双方的密切配合和项目的完满成功，就像两个人跳了一曲无懈可击的优美探戈。"

随着项目基础设施建设的逐步完成，以色列农业发展观念的超前性、技术的先进性和设备的复杂性，都让中方的参与者大开眼界。

在向以方虚心学习、努力配合上，中方表现得越来越虚心，而中方参与人员的聪明才智，也让以方的专家刮目相看。很快，双方配合出的舞姿，就达到了"专业"水准。

设在新疆农业职业技术学院的项目，主要是温室大棚生产基地，包括南北两个校区。南区项目有 58 栋大棚温室、40 亩遮阳网室、包装车间和配套的独立供水、供电、道路系统。南区项目引种的是以色列优质的蔬菜和花卉品种，生产过程全都应用以色列生产技术、节水灌溉技术和施肥自控系统。

北区主要项目是 4 栋以色列现代化智能温室、5 栋中式温室、包装车间、11 吨天然气热力中心和配套的独立供水、供电、排水、制冷系统。开展的是花卉鲜切花生产、蔬菜种苗的生产。北区项目也全部应用了以色列先进的生产和节水自控技术。在北区还建设了占地面积约 38 亩的推广培训设施。

设在新疆农业职业技术学院的项目，主要是通过在温室中培养作物，延长作物生长期。解决了严酷气候条件的限制，玫瑰、非洲菊、百合、郁金香等花卉，黄瓜、圣女果、甜椒等蔬菜在新疆可以终年生长。

而设在东泉干部学校、占地约 160 公顷的项目，主要是大田作物，包括棉花、小麦、玉米和加工用番茄。通过引进先进的耕种和种床准备技术，获得完全的种植密度和最佳的生长条件。

整个示范中心项目引进了以色列三种灌溉系统，它们分别是：用于蔬菜和花卉以及大田作物棉花、加工用番茄的滴灌系统；为大田作物棉花、小麦和玉米实施机械化的直行式系统；用于一些花卉和露天蔬菜的配管系统。这三种系统能够最大限度地减少深层渗透损失和土壤盐碱化，使水和肥的使用取得最佳的经济效果。

2003 年 11 月，中国以色列旱区农业示范培训中心项目基本建成后，立刻开始了试运行。以设在新疆农业职业技术学院

节水灌溉给新疆农业带来了巨大的经济效益

的温室大棚生产基地为例，先后栽植了由荷兰引进的郁金香、香水百合、玫瑰花等品种，培育了 29 万多株蔬菜、瓜果、苗木，在有效节水并生产出优质花卉、绿叶装饰植物和各种蔬菜等方面起到了强烈的示范作用：节水灌溉使农作物用水每亩地比漫灌节约将近一半，农作物增产达到了 20%，经济效益和社会效益都十分显著。

2007 年 6 月 11 日到 22 日，中以旱区农业示范培训中心的以色列专家又一次举办了蔬菜、花卉技术培训班。新疆农业职业技术学院的 180 名学生和新疆第一产业职教园区相关单位的部分人员接受了农业、蔬菜种植、管理、气象学概论、温室气候控制、灌溉及施肥等方面的技术培训。此外，培训班也讲解了花卉无土栽培、鲜切花栽培、盆花栽培、露地花卉栽培

等技术。

在理论授课结束后，以色列专家还把学生们拉到 "中以旱区农业示范培训中心"的温室大棚，就生产过程中已经和可能出现的情况，有针对性地进行了示范实践教学。

在中以旱区农业示范培训中心，中科院院士张楚汉对前去采访的中国新华社记者说："我国干旱土地面积很大，因此，引进节水项目在新疆乃至全国都具有重要的战略意义。中方引进这个项目是为在全国推广节水农业，以方则需要证明其节水技术在中国可行，并刺激以色列本国农业技术的更新，同时赢得农业科技产品在我国旱区的广阔市场。"

通过与中国的农业合作，以色列向中国成功展示了其先进的农业技术、农产品、农业技术设备，这些都为以色列农业设备企业出口中国创造了机会。

耐特菲姆公司是以色列最大的滴灌系统产品生产厂家，自20世纪90年代进入中国市场以来，这家公司在中国建成现代化灌溉和温室项目200多个，广泛分布在中国20多个省份，其中包括新疆十多个地区的旱地农业节水灌溉项目、两千公顷棉花灌溉项目。这家公司在北京、广东、新疆、云南、山东、河北、甘肃、上海等地都设立了办事处和技术服务网络，其产品遍布中国各地。

以色列另外一家有世界影响力的灌溉公司普拉斯托灌溉公司，也参与了中以旱区农业示范培训中心项目的建设。2001年，他们在中国设立全资子公司，在新疆、山东、北京建立了三家产品生产基地，加工、生产和销售公司的灌溉系列产品。

除了上述两个灌溉公司外，在以色列有影响力的灌溉公司纳安丹公司、美兹公司和艾森贝克公司等，也都在中国的灌溉市场占据了一定的份额。

不谢的玫瑰伊戈·科恩

2005 年元旦，乌鲁木齐的一位记者收到朋友送的一束玫瑰花。因为是节日，家里还有别的鲜花。三天后，其他品种的鲜花都萎蔫了，唯有这束玫瑰芳香依旧。她打电话询问才知道，这束花来自中以旱区农业示范培训中心的温室大棚。当年 10 月 8 日，她正好有一个机会采访这个示范培训中心。除了姹紫嫣红的花朵，大棚里种植的小黄瓜、小番茄和各种形状的辣椒等无公害蔬菜更让她惊异：作物占地面积不大，果实却密密麻麻、健壮无比。

因为双方都全身心地投入舞蹈之中，所以中以旱区农业示范培训中心这曲探戈优美得无懈可击。

在项目开展过程中，以方项目经理、以色列驻华科技和农业公使亚伯拉罕·奥尔默特前后 22 次去新疆，亲临项目现场考察每个阶段的工作进行情况，给专家们下达指示。

中方派出的项目经理，是维吾尔人努尔·穆哈默德。亚伯拉罕·奥尔默特说："努尔·穆哈默德是一个优秀的汉子。他和我们友好相处，工作非常出色，我们之间的合作很有成效。新疆项目的中方人员不论是领导、技术专家或者农民，也不论汉人或者维吾尔人，都成为了我们的要好朋友。项目的建设过程并不容易，但由于有中方的良好配合，我们终于把项目做得十分漂亮。他们的言行，化解了我们的大使对新疆穆斯林民族地区的担忧和疑虑，换来了切实的放心和信任。"

"你猜，我们每次访问碰到的最难对付的问题是什么？"亚伯拉罕·奥尔默特说："不是别的，是酒！说来别人都不相信，经过新疆的磨练，我竟能一喝就是一二十杯。记得有一次我陪大使到乌鲁木齐，餐桌上主人接连敬酒，中方项目负责人努尔向大使叫板，谁也不认输。到头来还是大使赢了，他喝了 17 杯，而努尔喝了 15 杯。我热爱新疆，我和我的以色列同事在那里的示范培训中心洒下了汗水，和当地的民族朋友结下了深厚的友谊。"

2003 年 2 月，伊戈·科恩来到新疆继任"中以旱作农业技术推广示范培训中心"项目农业专家。他没到过中国，到中国工作让他兴奋了好多天。但是，第一次走进项目示范点的大田，他的热情就消退了一多半：没有深翻和耙糖的土地看上去一片寂寥。他心想："这里的人真懒散，项目不会持久，我会很快走人。"

"农业生产要靠高科技！要节水！"面对伊戈·科恩磨破嘴皮子的"科教"，习惯于大水漫灌的当地人疑虑"滔天"："靠滴答的水就能浇活庄稼？还能高产？天大的笑话。"

这一年的种植面积是 670 亩。面对质疑，伊戈·科恩和示范实习农场负责人商定其中 500 亩地采用高技术的滴灌，170 亩地用传统的大水漫灌。

秋收了。这一年，滴灌番茄用水比大水漫灌节水 48%，增产 50%；棉花节水 45%；增产 25%。

从此，农场传统的大水漫灌方式被滴灌方式彻底取代。

"春耕"是中国人所遵循的农时，当地的大田耕种传统，也从来都是"春耕"，秋收以后就"挂锄"休息，直到第二年春天的时候再开始耕种。但是，2003 年秋收刚结束，伊戈·科恩就提出："现在应该安排整理土地的工作了。"有人坚决反对："我们这里春天整地。"但伊戈·科恩也坚持说：秋收结束就深耕、耙地、施肥，能让土地得到充分的'休养'，春天一到就开始播种。这样不但有利于喷灌中心控制系统的运行，还可以降低病虫的危害。"但他得到的回答不是"收获完的地，土质太黏，马上深耕对农机具损伤大"，就是"冬天的雪会让土地变得松软，春天墒情好、容易耕种"。科恩后来才意识到，他所坚持的做法，是对传统观念和习惯生产方式的革命。

2005年9月，农场刚刚开始收获番茄。一天，一场霜冻突然袭来，把大部分果实都打烂在了地里。面对大自然的教训，人们终于认识到，如果按伊戈·科恩的要求秋收后马上整理土地，春天早播种十多天，就会避免类似的灾害。从此以后，"春耕"的农时被修正成了秋耕，每当一块地里的庄稼收获完成，拖拉机随即就开进去深翻土地，而且会按照伊戈·科恩提出的指标，从以前的10厘米，深翻至50厘米。

伊戈·科恩每天都到田间查看作物的长势，并精确计算浇水量和施肥量，然后输入设备中心控制室的电脑，得出施肥拖拉机发动机的挡位和行驶速度。他还跟在拖拉机的后面查看操作情况，提醒司机如果速度过慢就会多施肥、造成浪费，如果速度过快则肥量不够影响产量。

在中国，伊戈·科恩本来是两年的任期，但他一干就是四年。他说："这里的人们愿意接受新知识、新技术。无论是领导还是普通职工，都能坦诚地说出存在的困难和问题，这样利于解决问题。这些是我做好项目的最大动力。我觉得自己今后的人生总会与中国新疆发生某种联系。只要这里的人需要我，我就会回来。"

伊戈·科恩这种把工作当成自己家里事情做的精神，深深打动并教育了项目的每一个中方参与者。在他们的心目中，无论是作为个体的人，还是代表一个国家，伊戈·科恩身上散发的精神魅力都是无穷的，如同田里那芬芳的、永不凋谢的玫瑰。

大田节水又丰收的示范效应，更让当地农民看到了农业发展的希望与前景，改变了人们的观念，使他们明白科学种地才能增产增收，高科技种田可以有效地节约利用资源。

  鉴于伊戈·科恩的贡献，2007 年中国外国专家局给他颁
发了"友谊奖"，这是中国对在华工作的外籍专家的最高奖励。

  新疆中以干旱农业示范中心项目的成功实施，不单改变了
中国西北地区农作物常规栽培模式及农业经营管理理念，更对
整个中国对节水灌溉及设施农业等先进技术的了解和推广起
到了积极作用，也为中以两国开展更广泛的合作奠定了良好的
基础。

  今天，说起新疆，人们已经会说：天山的冰雪啊喀纳斯的
神话，羊肉串的下面啊躺着香馕；走入百里的戈壁滩，就能看
到远方千年的胡杨；滴灌的节水啊，秋耕的丰产；在诵颂《古
兰经》的声音里，葡萄和哈密瓜熟了……

曲舞不停的尾声

2011年5月17日，以色列Ramat-Negev地区沙漠农业研究中心的三位专家，到新疆邀请在校大学生赴以色列学习。项目希望每年从这个研究中心派遣50名在校农业专业大学生，在以色列进行为期11个月的旱作农业实用技术培训。培训的内容包括：水管理、作物栽培、管理和病虫害防治技术；盐水、淡水及污水混合灌溉技术；设施农业栽培技术；电脑操控节水灌溉技术。

到目前，这个既可使中方学到以色列先进实用的现代农业技术，又能为以色列农业提供必须的劳动力的双赢项目一直顺利地实施着。

中国和以色列在农业和其他领域不断深入合作的优美探戈，正一曲接着一曲地进行着。

何北剑　编写

新疆中以干旱农业示范中心项目的成功实施为两国后来更广泛的合作奠定了良好的基础

跨越万里的"孵化"

我的以色列学习经历

世界很大，人的一生不可能每个地方都能去，但是有一些地方一旦去了，就会终生难忘，就会有友谊存续下来，直到永远。

1999 年 9 月的下旬，北京正是金秋煞爽的好时光，我刚刚从北京理工大学硕士毕业，得到了去以色列魏兹曼科学院继续深造学习的机会。心里揣着对这个世界上最神秘的国家的好奇，我踏上了前往以色列的旅程。

那是我第一次踏出国门，第一次踏上中东的土地，心情又是紧张又是兴奋。沙漠地区独特的自然风光，让我这个在重庆山城里长大的山里妹子陶醉不已。以色列魏兹曼科学院坐落在首都特拉维夫南面车程半个小时的城市瑞哈沃特，是以色列最有名的研究院，汇集着以色列学术界的精英。学院只招收硕士和博士生，不设本科生部，用英文教学，方便国际学生上课。学习很辛苦，有专业知识的缘故，也有英文语言水平的原因，但我努力坚持着，顺利渡过了适应期。

去以色列之前，我从来不知道犹太人在科学领域几乎形成了垄断，在化学、生物、物理等学科的各个重要分支方向中，犹太裔的科学家经常包揽了世界的前几名。尽管其中的大部分科学家生活在以色列以外，但是他们出于对以色列的热爱和支持，经常回到像魏兹曼科学院这样的地方讲学，让我受益匪浅，从这些世界一流的科学家们的讲演中学到很多。

我在魏兹曼科学院的老板拉哈弗教授做学问严谨认真，对待学生细致耐心。我们研究小组人员很多，有不是教授身份，但学问一点儿也不比老板差的研究人员，比如从匈牙利移民到以色列的伊莎贝拉女士就是这样一位。以色列的移民政策就是世界上任何犹太人都可以移民以色列。伊莎贝拉女士是我所从事课题的小组负责人，她既负责看文献、设计实验，还要总结实验结果写文章。拉哈弗教授出门讲学之前总是会和她详细地讨论自己要做的报告的内容。记得有一次我们课题小组的实验内容出来了，结果很漂亮，拉哈弗教授就决定自己写成了文章投到了世界著名期刊《自然》，结果被拒绝发表。于是伊莎贝拉女士接过来拉哈弗教授写的原稿，动手改了几天，转投了同样极富盛名的世界科学期刊《科学》，成功发表了。

拉哈弗教授和伊莎贝拉女士也同样注重培养学生。每当我有问题问他们的时候，他们总是耐心详细地给我解释，让我很感动。整个课题组的氛围也很好，在实验室做课题时大家互相帮助。课题组除了国际学生外，大部分是以色列人。以色列人

本文作者在耶路撒冷哭墙留影

有年纪轻轻直接读书上来的，也有一位年龄偏大已经结婚生孩子的妈妈在攻读博士学位。她当时已经生了三个孩子，孩子都还小，却同样白天在实验室高效率地做研究，晚上则按时回家照顾孩子。

犹太人做学问的传统是创新，他们的思想很大胆开阔。记得当时我选修了一门关于生命起源的课程，需要自己选题目做个口头报告。我和一个以色列男生分在一组准备报告，他提出了一个在太空中生命起源的观点，我在当时所读的文献中从未读到过这种想法，就提醒他是不是太没有根据了，他鼓励我说设想就应该大胆一些，过后再去求证。真是很佩服他的勇气。

学习之余，我很喜欢跟各种朋友出去聚会。中国同学之间喜欢聚在一起做饭、聊天、打扑克，也会大家结伴去旅游。记得我们一起去了著名的死海。漫漫金黄的沙漠中躺着一颗碧蓝的珍珠，这就是死海。死海海水的盐分很高，达到 20-30%，所以人能很轻易地漂浮在水面上，甚至能躺在水面上捧着本书看，不管你会不会游泳。盐分很高，是因为海水里富含许多矿物质，海边的矿物质黑泥是非常好的美容材料。我们中国学生就很高兴地捡起这些黑泥抹在身上，躺在死海边，享受起来。

魏兹曼科学院也有很多国际学生，我也交了许多来自德国，法国的朋友，白天努力学习后，晚上和国际朋友们约着去酒吧喝喝酒，聊聊天，真是一种很好的放松。

当然我也交了各种各样的以色列朋友，有科学院的同学，也有酒吧的老板娘。犹太人聪明，睿智，不怕辛劳，事必躬亲。以色列人也很热情，乐于助人，每每我走在街头找不到路时，总有热心人指路甚至会亲自带我到达目的地。最让我感叹的是他们对待生活的淡定沉着，在一个非常恶劣的自然环境中建设了一个富裕的国家，在一个敌意环绕的氛围中继续着自己的生活，淡定地工作和学习，即使知道自己马上要服兵役，也从来没有显示出什么不安。他们可以在服兵役休假回家的间隙，背着枪去餐馆或酒吧，同时却安然地享受着美食和饮料。他们就是这样一个神奇的民族，并不断创造出精彩。

犹太人的家庭关系非常紧密。父母会每天给每个孩子至少打一个电话，互相问候。父母从国外回来，孩子会去机场迎接。如果不去机场接，就在家里等着，再晚也要等到父母回来。兄弟姐妹之间也经常联络，有需要时尽量帮忙。印象最深刻的是他们每两周家庭所有成员一定要在父母家聚会一次，聚会时间总是在周末，不管学习或工作上如何繁忙，任何人都不得缺席。我接触过的所有家庭都有这个传统，不论是一般普通家庭，还是达官贵人。我的犹太朋友带我去参加过他们的这种家庭聚会。每到这个时候，犹太妈妈就在孩子们到家之前去超市采购一家人喜欢吃的食物，然后在周末的下午开始烹调。孩子们陆续在晚饭前到家，或是帮着做饭，或是在前后花园里除除草，浇浇花，给狗洗澡。晚饭时间到了，一家人坐下来，品尝着妈妈做的可口晚餐，喝着饮料，聊聊各自最近的工作生活。

以色列人很喜欢出门旅游，去世界各地，足迹遍及欧洲，亚洲，非洲，南北美洲和其他遥远的地方。除了传统的观赏人文自然风光，他们还会有一些很特别的旅游方式。比如我的以色列朋友经常会在服完兵役后，进一步攻读学位或正式工作之前，到喜马拉雅山脚下住上一年，修身养性。

除了以色列本地人，我的朋友中还有其他国家到以色列工作学习的犹太人，其中还有从中国移民过去的犹太人。记得有一个小伙子是开封人，长得跟中国的汉族人一模一样，他当时在耶路撒冷的一个博物馆里工作，严肃而认真。他那时移民到以色列没几年，普通话讲得还很标准。我问他怎么知道自己是犹太人，他说他们有家谱，里面一直记载着几百年来他们都是犹太人。

我同欧慕然先生的结识

我同欧慕然先生结识是从 2003 年暑假开始的。我已从魏兹曼科学院硕士毕业回到了重庆，在重庆闷热的夏天准备着去美国攻读博士的手续。一天，一位朋友告诉我有一位以色列驻北京大使馆的农业科技参赞要到重庆来考察引进以色列柑橘种植技术的项目，由于我在大家心目中是个"以色列通"，于是叫我也去见见，这就是我第一次见到欧慕然先生，也是我和欧慕然先生友谊的开始。

欧慕然先生长着典型的犹太人大鼻子，和蔼健谈。一聊起来才发现我们挺有缘，原来他以色列的家就在我就读的魏兹曼科学院旁边，我们都逛同样的地方，我们也许经常在同一个电

影院看电影，在同一个商店买东西。我们相互开玩笑说经常见对方，也许在以色列瑞哈沃特街上转角的咖啡店，也许在那个韩国人开的菜市场。那次见面我们都很高兴认识对方，之后我们经常保持联系，包括我后来在美国留学，也经常通通E-mail。

贵阳是我丈夫的家乡，他在美国修完博士学位并以博士后身份工作了几年以后，强烈的思乡情绪促使他回到了故乡，开始了科学研究的工作。我也带着刚出生不久的儿子，从美国跟着他到了贵阳。

贵阳城市不大，人情味很浓，由于地处海拔 1000 米，夏天尤其凉爽舒适，当七八月份其他城市的人们在炎炎酷暑中被热得晕头转向时，贵阳人依然可以很自在地工作和休闲。贵州省由于工业经济不发达，很幸运地保留下了现在的绿水青山和没有雾霾的天气。贵州出名的黄果树瀑布每年吸引了无数游客前来旅游，再加上贵州丰富多彩的少数民族风情，让越来越多的人知道了这里。

那个时候欧慕然先生已经从农业科技参赞的职位退休，开始了他独立科技专家顾问的职业，依然致力于中国和以色列之间科技项目的咨询和引进。他听说我在贵阳工作了，很惊奇，因为他在中国工作了十几年，到过中国绝大部分地方，他到过的地方，很多中国人一辈子都没去过，却唯独没有到过贵州。于是我作为东道主请他到访了贵阳。

"贵阳－以色列"孵化器的开始

欧慕然先生第一次来访是 2008 年作为特邀嘉宾参加贵阳市科技局的科技推广会议，并在会上作了专题报告，介绍以色列农业的发展现状。我在贵阳的一个朋友名叫张高，当时刚从日本留学归来，正和我在商量注册公司做科技项目转化引进。在和欧慕然先生的沟通中，我们发现以色列的科学技术之所以这么发达，他们的孵化器系统在中间起着非常重要的作用。孵化器承前启后，把初创企业的风险承担了下来，培育出真正优秀的企业。考虑到贵州经济的落后，其中的主要原因就是初创企业不多，最后成功的初创企业更少，我和张高就决定在贵阳建立一个企业孵化器，批量地引进以色列、日本和美国的一些有潜力的科技项目，在贵阳本地化并最后推向市场。孵化器成立后，欧慕然先生很快就给我们介绍了一家以色列著名的风投公司 Terra Venture 来和我们谈合作，尽心尽力地在中间协调沟通。他还和贵阳市政府签署合作共建"以色列—中国（贵阳）高技术企业孵化加速器"协议，大力支持我们的项目引进工作。从此以后欧慕然先生就成了我们常来常往的朋友，每年都会到贵阳来访问交流至少一次。迄今为止他到访贵阳有十几次了。

孵化器慢慢地在成长。由于我和张高的专业都是生物，所以我们把孵化器所孵化的项目也定位在生物相关的产业上。我们从贵阳市政府得到了一些科研资助，开始了项目孵化。最开始公司只有两个科研人员以及两三个行政人员，大家将就着简陋的仪器设备就开始了产品研发。陆陆续续做了一些研究以后，就开始有一些头绪了。贵州有非常丰富的生物资源，其中中草药的种类有 1000 多种，在全国所有省份中排名第二，仅次于云南。贵州还不乏独特的东西，比如号称"VC 之王"的刺梨，以及虽然不是贵州独有，但在贵州数量很丰富的各种植物药材。但这些生物资源的开发利用却非常少。这让我们很兴奋，可以开发的产品太多了。其中雪莲果成了我们的首期主要扶持研发项目。

一个产品从研发到成为最终能在市场上销售的产品，中间还要经过中试、试生产、生产、试销售和销售很多环节。其中寻找中试的场地以及生产场地就是一件费时费力的事情。记得我们的中试场地最后终于在一位朋友的帮助下落在了一个很偏僻的研究单位里。给我们使用的地方是一栋快要拆掉的两层楼房。我们很快买了设备就开始生产起了雪莲果汁，同时也准备着去寻找下一步正式生产所需要的厂房设备。正好那时候都匀市在开发甘塘经济开发区，大力对外招商。都匀市在贵阳东面一个小时车程的地方，甘塘经济开发区正好在才开通的厦蓉高速（厦门到成都）路边上，离高速路口只有两三公里的距离，到达贵阳孵化器项目研发中心和以后南下运输产品到广东都很方便。再考虑到我们自己也需要正式的固定生产场地，我们就在开发区买下了 500 亩工业用地，开始兴建自己的厂房。

这几年，公司发展越来越快。我们的项目方向也越来越明确。在贵州丰富生物资源的基础上，鉴于目前生活水平越来越高，人们对于养生保健和食品安全越来越重视。在贵州丰富生物资源的基础上，我们的产品研发重心也转向了这方面。去年，第一个产品已经上市开始销售，后续产品正在出来。公司人员也发展到了 200 多人。

孵化器在各方面的帮助下继续发展

由于欧慕然先生长期帮助贵州科技经济发展，他受到贵州省一些科研机构和统战部的关注。2012 年 11 月贵州省委常委、统战部部长刘晓凯部长热情地会见了欧慕然先生。2013 年 12 月，欧慕然先生荣幸地当选为贵州省海外联谊会（海联会）副会长，这开创了贵州省海外联谊会聘用国外名人担任这一职务的先河。海联会是在贵州省统战部关怀下的一个非常有影响力的社会团体，旨在通过牵线搭桥的作用，为贵州省的经济社会发展引资引智。贵州省海外联谊会通过这一举动，认可了欧慕然先生帮助贵州发展做出的成绩。

贵州省留学生联谊会（留联会）也在欧慕然先生和我们公司的合作中提供了极大帮助。留联会是专门针对从国外回到贵州来工作和创业的留学人员建立的一个民间组织，但里面主要协调留学人员工作和政府部门之间关系的人员就是来自贵州省委统战部的工作人员。这些工作人员总是热忱地替我们这些创业人员沟通协调，极大地推动了我们的发展。欧慕然先生正是在留联会的举荐下，荣幸地当上贵州省海联会副会长。

　　我们孵化器公司也在欧慕然先生的帮助下、贵州省留学生联谊会的大力支持下，以及自身的努力下逐年发展壮大。从2007年创业时的一无所有，到现在已发展成控股下属机构和公司：省发改委立项的"贵州省少数民族药食同源（功能）食品应用工程研究中心"、贵阳药食同源生物工程中心、贵阳高新创嘉创业服务有限公司、贵阳高新以嘉孵化器投资管理有限公司、贵州都匀优加加生物科技有限公司。目前公司的总固定资产为6900万元人民币，同时还具有大量以自主技术为核心的无形资产。2013年共实现销售额4300万元。孵化器公司是从研发、生产到销售一条龙的全产业链公司，立足于贵州特有的生物资源，开发现代人所需要的健康产品及健康服务。可以说，它是中以合作共赢一个具体而微的例子，它的源起和发展壮大也是两国友谊的见证。

唐茂

（贵州四方汇佳生物科技有限公司）

拉宾总理的承诺

　　1993 年 10 月的一天，以色列外交部国际合作局局长和以色列最大的农业发展公司阿格里德夫的总经理被紧急召到总理府。刚刚结束访华归来的拉宾总理告诉他们，他在北京向中国总理李鹏作了承诺，以色列将在中国帮助建立一座采用以色

已故以色列总理拉宾在中国长城

列先进技术的示范农场。农场将展示以色列的先进农业技术和管理方法，培训中国专家，推动先进农业技术在中国的推广和应用。李鹏总理答应给予前来创办中国和以色列之间第一个官方合作项目的以色列人员以一切必要的协助。

拉宾总理接着说道，"你们要明白，这是中国和以色列之间的第一个官方合作项目，它是展示以色列和以色列先进农业技术的橱窗。我们将中以之间的这次合作摆在首要地位，我要亲自过问项目的实施，我们的目标是要让这个项目大获成功。"

最后，拉宾总理以不一般的口吻说道："我作了承诺，你们要去完成！"

在拉宾总理召见过后不几天，阿格里德夫公司总经理欧慕然先生便立刻动身前往中国推动项目的实施。在中方的积极响应下，很快成立了中以农业联合计划小组，由五名以色列农业经济学家、蔬菜、花卉和果树专家和中国专家构成，农场地点选在北京通州区永乐店。联合小组考察了永乐店农场所具有的优势，并为农场的成立制定了详尽的计划。

根据考察报告，1994年3月25日，中以两国正式签署了《中华人民共和国和以色列国政府关于建立中以农场的谅解备忘录》。根据《备忘录》，以色列派遣两名主要合作领域的常驻专家，并提供有关灌溉、温室、果树苗和花卉种植材料；中国负责提供农业专业人员、土地、水源、能源、地方投入以及以方专家执行项目的便利条件。

项目的执行机构以色列方面为国有农业发展合作有限公司，中方为国营北京农工商总公司。示范农场指导委员会由六名成员组成，双方各三名，主任职位每年轮流担任，项目的管理工作由指导委员会负责。示范农场将采用合适的技术、投入和高科技方法，并将作为有关灌溉、施肥、水果、蔬菜、花卉等生产的培训基地，合作的目的则是证明引入新技术的经济效益。

　　1994年10月，示范农场进入了工程筹备和起步时期。1995年5月9日，这座以高科技为依托、具有示范和生产两大功能的现代化农场——北京中以示范农场落成剪彩。

中以农业合作的典范

　　从首都北京往东南方向驱车约30公里，到达有500年历史的郊区古镇永乐店附近，便是中以示范农场的所在地了。在农场园区范围内，散布着一排排整齐低矮的园拱形轻型构筑物，上面覆盖着塑料薄膜，远远看去像是平地上涌起一道道白色的波浪。这就是蕴藏着现代先进农业科技奇迹的温室，或者叫"暖房"。进到温室，迎面扑来浓浓的春意，绿色丛中艳丽的玫瑰花和小灯笼般的彩色青椒交相辉映，组成美丽的图画。看不见普通意义上的农民进行劳作，只见穿着白大褂的现代"农民"坐在电脑屏幕前，通过中央计算机发出指令来指挥一切。他们直接掌控作物生长的所有参数，空气的温度、土壤的湿度和对肥料的需求，都是通过犹如人体神经和血管系统的各种感应器、滴灌器和管路构成的网络，自动进行操作和调节。示范农场将太阳能、现代灌溉系统、优质种子以及先进的管理方法相结合，从而非常有效地生产出高质量蔬菜、花卉和其他作物。

　　北京中以示范农场占地100多公顷，全部采用以色列滴灌农业设施。有1.53公顷以色列联栋式温室，6.67公顷中式日光温室，1.33公顷塑料大棚，400平方米蔬菜、花卉加工车间，定植果树27万平方米，玫瑰近1万平方米，蔬菜10

万多平方米，还有2632平方米的培训大楼，414平方米的展厅，538平方米的餐厅和600平方米的保鲜库。

中以示范农场的独特之处在于引进了全套的以色列先进农业技术，每个温室里不仅有节水型的水肥配送系统和室内小气候控制系统，还有害虫监测、管理系统，从而大大减少了对水和天气变化的依赖。在以色列专家的指导下，农场播种了以色列培育的多种蔬菜种子，还采用无土栽培的方法种植了不同品种的玫瑰和康乃馨。

农场种植和推广的以色列蔬菜、花卉、果树等产品均有异国特征，具有很高的观赏价值和经济价值。以色列玫瑰品种多，质量好，花色各异，色泽亮丽纯正，枝条粗壮挺直，叶片厚实润泽，且具有开放期长，耐储运的特点。玫瑰鲜切花达到了出口标准，并批量出口美国。

以色列温室中的樱桃西红柿是当时中国国内还没有的品种，其果实晶莹亮丽，酷似樱桃，味道醇美，既是蔬菜也可当水果生食，还可供观赏。颜色有红、黄之分。这种樱桃西红柿在中国也叫圣女果，因其品种独特，价格昂贵，起初只面向北京各大高档涉外饭店供应。经过农场引进示范成功后，中国各地纷纷引进和生产，现已成为普通老百姓享用的水果。以色列温室中的甜椒果色鲜艳、果实厚、子少、味甜，具有红、黄、绿三个颜色，且极耐储运。以色列温室中的西葫芦一年四季皆可种植，有别于中国的品种，有金黄色、墨绿色、白色等，可生食，是西餐沙拉的上好材料；黄瓜则果实厚、汁多少籽、光滑无刺；甜瓜果肉有淡绿色和橘黄色，肉厚汁多，香甜可口；生菜品种叶片光滑，纹理清晰，抗病性强。

农场里有世界最先进的技术装备的以色列式温室，也有相对简易的中国式"阳光暖棚"。这是因为在中以双方专家讨论示范农场问题的时候，大家发现一个事实，那就是中国人在应用大棚种植蔬菜方面已经有所进展。有位名叫王乐义的中国农民创造了一种中国式"阳光暖棚"。"阳光暖棚"是用塑料薄膜覆盖而成的拱形隧道空间，一边用夯实的土墙支撑，另一边朝向太阳，塑料薄膜能透进阳光。到了晚上，大棚用草席盖好，以便保持白天积累下来的热量。以色列专家评价王乐义的方法充满了想象力，探索和找出了符合正确农业技术原理的办法，而且这些办法是当地农民出钱用得起的，就像这类大棚。这说明土办法对中国农业技术的发展作出了贡献。它们费用不高，作用显著，是迈向技术化农业的有意义的一步。从以色列方面来说，永乐店好比是一座可以从事各种试验和调查研究的科学实验室。经过永乐店的实践以及后来一段时间工作，以色列专家对中国的现实有了更多体验，最终得出了一个结论，传播以色列的先进农业技术必须考虑结合所在国家的国情。技术转移到任何地方，都必须做到适应当地的条件和当地的人民。农场将以色列优良种苗、滴灌设备和中式日光温室有机结合，大幅度提高了农产品的产量，特别是对中国北方缺水地区利用高科技发展农业起到了很好的示范作用。农场在现代化温室设备与技术管理、现代节水灌溉、园艺作物栽培新技术体系等方面对中国进行了成功的示范。

示范农场从创办之初便显示出它的物有所值：农场的收成比普通农场的收成高两到三倍，农产品的质量更是让普通农场望尘莫及，农产品的保存期更长。农场种出的花卉畅销于北京的市场。这些蔬菜和花卉品种从一开始即依靠质量优势以高出同类产品几倍的价格打入北京市区的高档饭店、配餐公司和超级市场，成为替代进口产品，并成功打入深圳、香港地区。这些成果表明，只要利用得当，在同一块土地上，先进的技术可

中以合作的象征——北京永乐店中以示范农场。

以给农民带来更多的收入，还可以减少农业生产对水和气候条件的依赖。同时，中以示范农场在消化吸收过程中积极创新，与多方合作致力于改善传统日光温室的环境条件和管理手段，如示范农场与厂家合作研制了温室大棚专用温湿度监测报警系统等。经消化吸收，以色列园艺设施技术成功辐射到全国。自农场建立以来，中国各地已纷纷建立起许多类似的农场，它们都成功地运作着。

在农场存在的十年时间里，每天都有几百人来访。据估计，总共有约 30 万中国人来过这里进行考察或接受培训，他们是农民、技术专家、科学家和政府官员。北京一些专家参观农场过后写道："以色列使馆的公使衔参赞欧慕然先生向大家介绍农场的历史，他说，'以色列调集物力、财力建立示范农场，向中国传播先进的农业技术，除了聘请以方专家前来工作外，

更为重要的是培训中国自己的技术人员，这好比计算机的硬件和软件两部分，缺一不可。什么是最好的农民呢？有技术、有设施都还不够。最好的农民是经常利用自己的双腿走进田间、用眼观察、用心思考的人。我们要培养的就是这样有敬业精神的人。'"永乐店是个学校、实验室和培训中心，中国年轻一代农业技术专家在这里进行培训，并到各地开发新的先进农场。很快地方各省市也建立起当地的示范农场，为现代先进农业技术在中国土地上的推广带来明显成果。饱含着中以双方工作人员的智慧和辛勤汗水，永乐店示范农场无疑是中以两国一次非常成功的合作，这种合作充满美好的友情。

2003年，以色列方面结束了参与示范农场的运行工作，意味着以色列已成功地完成了她在发展中国农业技术这一任务中的角色。现在永乐店农场已属商业经营性质，全部交由中方人员管理，但以色列的大卫星国旗依然和中国五星国旗并排在农场上空飘扬，象征着中国和以色列之间富于成果的合作。

中、以两国高层的"农场"缘

中国和以色列国，一个是农业大国，一个是农业强国，农业自始至终是两国社会发展的基石。仅经一代人的历程，以色列农业便从荒漠农业发展成为举世瞩目的现代农业。而中国这个泱泱农业古国也正迈开现代步伐，引进和发展先进农业科技。作为中以之间农业合作的第一个项目，北京中以示范农场从筹建伊始就得到了两国高层的格外关注，并留下了不少的佳话。

1996年，当以色列第三任驻华大使南月明夫人（奥达·纳米尔）刚到北京履职没几天，手下人员送上来一份材料，向大使推荐四处应当访问的地方：长城、故宫、天坛和永乐店中以示范农场。南月明夫人后来回忆说："我一看就明白，我要把农场作为我造势和开展有效活动的选点。"在南月明大使看来，永乐店农场是促进中国和以色列两国友好关系的一个重要因素，不但在技术方面，而且也在政治关系层面上发挥着积极作用。南月明夫人从到任的第一天起，就把主要精力集中在发展与中国人民的关系上面。示范农场是她与政府不同部门人员进行交谈时常说的话题。到任以后不久的一天，当南月明大使出席一次宴会时，主人告诉她温家宝先生要去以色列访问。那时温家宝还是副总理，是国家农业方面的主要负责人。他已经走遍了大部分农业发达国家，也想访问一下以色列。南月明夫人说："我建议他去以色列之前，先到示范农场看一看。他去了农场，也许所见所闻会给他十分深刻的印象。"温家宝对以色列的访问非常成功，回国以后特地邀请南月明大使进餐，其间他从衣服口袋里掏出一只滴头，展示给所有在座的客人，并向大家讲解什么叫做滴灌，介绍他在以色列的亲眼所见。温家宝说到最后，建议大家都到示范农场看看。

1997 年沙龙在任以色列国家基础设施部长期间曾经访问过中国。据报道，沙龙到达北京后专程前往永乐店中以示范农场参观，途中几次停车，只为看看在公路上晒麦子的中国农民。他接过农民手中的耙子告诉中国农民说："我也是农民。"曾任农业部长的沙龙在示范农场的暖棚里伸手采摘青椒、西红柿，在示范奶牛场抓起饲料槽里的饲料仔细打量。沙龙坐车经过一大片农田，看到农家妇女正在田里插秧，一下想起了他的母亲，他对陪同人员说："现在很少能看到妇女插秧了，我小时候看到母亲就是这般干的，在地里一干就是大半天，累得腰酸腿疼。" 六年后当中国驻以色列大使潘占林离任前向沙龙辞行时，沙龙还对潘大使回忆了他的中国之行。他表示，如果有机会再去中国，希望再看看中以示范农场和其他科技合作项目。

1995年拉宾总理遇刺一周之前，在耶路撒冷举行了一个非常重要的经济大会开幕式，拉宾作为贵宾参加了会议。当主持仪式的耶路撒冷市市长奥尔默特把欧慕然先生引见给拉宾总理时，拉宾立刻笑了起来，连说"我们认识"，并立刻向欧慕然先生打听中以示范农场的项目运行情况。欧慕然先生告诉他一切非常良好，并说他充分理解这个项目对中以关系的重要性。拉宾总理接着说，他已从大使那里听说农场的大好消息。不用说，听到他的表扬欧慕然先生是多么激动。回想示范农场建立和运作的前前后后，要不是拉宾总理当年下定决心向中国人民显示以色列能为中以两国的技术合作发挥有效作用，可以想象建立这方面合作的道路将会是多么漫长。以色列方面后来曾经希望用拉宾的名字命名农场以兹纪念，但因为在中国没有以外国人名命名地方的惯例而作罢。现在在永乐店农场上空飘扬的以色列国旗，也许是对示范农场倡导者和推动者的最好纪念。

付内 编写